Kirchen Macht Raum

TVZ

Christoph Sigrist (Hg.)

Kirchen Macht Raum

Beiträge zu einer kontroversen Debatte

TVZ
Theologischer Verlag Zürich

Bibliografische Informationen der Deutschen Nationalbibliothek

Die Deutsche Nationalbibliothek verzeichnet diese Publikation in der Deutschen Nationalbibliografie; detaillierte bibliografische Daten sind im Internet über http://dnb.d-nb.de abrufbar.

Umschlaggestaltung: Simone Ackermann, Zürich

Druck: ROSCH-BUCH, Scheßlitz

ISBN 978-3-290-17559-7

© 2010 Theologischer Verlag Zürich
www.tvz-verlag.ch

Inhaltsverzeichnis

5

Kirchen Macht Raum

Beiträge zur kontroversen Debatte über Kirchenräume

Einführung

Kaum ein anderes Thema vermag derzeit so kontroverse Debatten in der Öffentlichkeit auszulösen wie das von Kirchen, Macht und Raum. Das Thema «Kirche» gewinnt in der medialen Öffentlichkeit durch live am Bildschirm mit zu verfolgende Trauerfeiern, Macht- und Skandalgeschichten in kirchlichen Hierarchien sowie durch Spannungsfelder im interkulturellen und interreligiösen Dialog an Aktualität. Eine Zunahme an kirchlicher und in einem weiteren Horizont religiöser Präsenz im Raum der Öffentlichkeit ist feststellbar. Die viel diskutierte und auch bestrittene These von der «Wiederkehr der Religion» ist weniger in einer stärker religiösen Befindlichkeit des Individuums zu verorten als vielmehr in der zunehmenden Beachtung religiöser Inszenierung und Darstellung im öffentlichen Raum. In diesem Raum spielen die Kirchen in ihrer organisierten und institutionalisierten Form mit den anderen religiösen Gemeinschaften und Gruppierungen mit.

Das Spiel im öffentlichen Raum ist ein Spiel um Beachtung. Wer Beachtung findet, hat Macht. Wer Macht hat, bestimmt die Regeln, wie beachtet werden soll. Durch das zunehmende Interesse an religiöser Präsenz im öffentlichen Raum werden Kirchenleitungen auf die Frage hin sensibilisiert, wer in welcher Art und Weise über religiöse Themen das Sagen hat. Kirchen und Macht spielen zusammen. Das Zusammenspiel von Kirche und Macht hat nicht nur durch die Verkündigung des machtvollen Wortes Gottes eine theologische Wahrheit, sondern auch eine anthropologische Wirklichkeit in der Durchsetzung dieser Wahrheit im öffentlichen Raum.

Kirchenverantwortliche haben verschiedene Möglichkeiten, sich im Spielraum des Präsentierens durchzusetzen. Kirchliche Institutionen erfahren durch die Zunahme religiöser Präsenz eine gegenseitige Stärkung durch und Abhängigkeit von anderen Konfessionen und Religionen. Ralf Hoburgs These ist wohl kaum zu widersprechen: «Je mehr medial Religion thematisiert wird, desto mehr okkupieren die Kirchen diesen Trend durch ‹Personalisierung› der Botschaft und damit verbunden durch mediale Besetzung von Themenfeldern. So lässt sich die mediale Rezeption christlicher Themen im säkularen Kulturbetrieb als Folge einer verstärkten medialen Präsenz der Kirchen relativ simpel erklären.»[1] Hoburg ortet die «Wiederkehr der Religion», wie sie spätestens seit dem 11. September 2001 öffentlich diskutiert wird, in der subjektiven, individuellen Aneignung als Deutungshilfe für das eigene Leben wie auch als Adaption durch die Organisation der Kirchen. Die Sehnsucht nach Religiosität gebrauchen die Kirchen zugunsten ihres eigenen Profils. «Mit dem Mittel medialer und personaler Inszenierung lässt sich der Trend einer ‹Rückbewegung› zur Verstärkung und Wiedergewinnung christlicher Wertvorstellungen in der Gesellschaft beschreiben. Sie ist Teil eines gestiegenen neuen Selbstbewusstseins der Kirchen, das sich im öffentlichen Raum artikuliert. Damit verbunden ist das Ziel einer Zurückgewinnung eines christlich bestimmten öffentlichen Bewusstseins. Trotz eines interreligiösen Diskurses wird damit durch die Institution der Kirche selbst die Kulturdominanz des Christentums in der Gesellschaft erneuert und zu untermauern versucht.»[2]

Der Anspruch auf normative Dominanz christlicher Kultur lässt sich in der Schweiz unter anderem in der auch in kirchlichen Kreisen äusserst kontrovers geführten Debatte über die sogenannte «Minarett-Initiative» im Herbst 2009 zeigen. In einer postsäkularen und postmodernen Gesellschaft fliessen konfessionelle und religiöse Traditionen und Differenzen ineinander und ergiessen sich in ein Konglomerat von diffuser Spiritualität. In diesem Fluss alles Denkmöglichen und Kombinierbaren in Sachen Glauben und Religion stehen Bauten und Räume religiöser Gemeinschaften wie erratische, unverrückbare Felsen da: Ein Minarett ist ein Minarett, eine Kirche ist eine Kirche, eine Synagoge ist eine Synagoge, ein Tempel ist ein Tempel. Dem physikalischen Gesetz, dass wo ein Körper ist, kein anderer sein kann, entspricht eine gesellschaftliche und politische Logik, die Orte im öffentlichen Raum inklusive Lufthoheit mit Räumen besetzt, um andere zu verhindern: Wo ein Kirchturm steht, hat ein Minarett keinen Platz. Das Resultat der Volksabstimmung über den Bau von Minaretten führt noch einen Schritt weiter: Auch da, wo keine Kirche steht, hat kein Minarett Platz. Die Gesellschaft

---

[1]   Ralf Hoburg, Zur neuen Sichtbarkeit von Religion, in: Friedrich Johannsen (Hrsg.), Postsäkular? – Religion im Zusammenhang gesellschaftlicher Transformationsprozesse, Stuttgart 2010, 23–41, 24f.
[2]   A.a.O., 26.

8

debattiert im öffentlich zugänglichen Raum mit dem Anspruch, im Rückbezug auf die «eigenen christlichen Wurzeln und Traditionen» das Normale und doch immer Geltende des Raumes, wo Menschen zusammenleben, anwaltschaftlich mit bestem Wissen und Gewissen zu verteidigen. Wer als Bürger oder Bürgerin die Macht hat mitzubestimmen, hat in diesem Kampf um die Hoheit über den Raum «drinnen» seinen Platz. Bewohner und Bewohnerinnen ohne Stimmrecht sind als hilflose und ohnmächtige Zuschauer nach «draussen» verwiesen. Mit Räumen wie Kirchgebäuden wird im Raum einer Stadt oder eines Dorfs positioniert, platziert und ausgehandelt. Die Einrichtung von Räumen vollzieht sich im Handeln, meist nicht allein, und geschieht häufig in demokratischen Aushandlungsprozessen. Dabei stehen Möglichkeiten zur Verfügung, mit Geld, Ansehen, Rechtsformen und Symbolbauten räumliche Ordnungen und Anordnungen durchzusetzen.[3] Kirchen haben Macht mit ihren Räumen: Ein Kirchturm ist ein Kirchturm ist ein Kirchturm.

Die eindeutige Prägung und Lesart religiöser Räume wird auch darin sichtbar, dass Kirchenräume für anwaltschaftliches Einstehen von Bedürfnissen anderer Religionen in Anspruch genommen werden. Die Fahne mit der Aufschrift «Bin ich auch ein Minarett?», die nach der Abstimmung am Kirchturm des Offenen St. Jakob in Zürich angebracht wurde, fand grosse Beachtung in der Öffentlichkeit und löste kontroverse Auseinandersetzungen in Kirchgemeinden aus.[4] Als Beispiel einer inakzeptablen Nachnutzung von Kirchen hat Bischöfin Margot Kässmann 2009 vor dem Architektenforum in

---

3   Damit nehme ich einen Aspekt des relationalen Raumbegriffs in der Raumsoziologie von Martina Löw auf: Raum als relationale (An-)Ordnung sozialer Güter und Menschen an Orten wird durch Handeln konstituiert. «Die Konstitution von Räumen im Handeln vollzieht sich in der Regel nicht allein, sondern geschieht in Aushandlungsprozessen mit anderen Handelnden. Das Aushandeln von Machtverhältnissen ist ein immanentes Moment dieses Prozesses.» Martina Löw, Raumsoziologie, Frankfurt a. M. 2001, 228.

4   Das Transparent «Bin auch ich ein Minarett?», das Pfarrer Anselm Burr und die Kirchenpflege wenige Tage nach der Abstimmung über den Bau von Minaretten an den Kirchturm hängen liessen, löste einen Konflikt auch mit der Kirchenleitung aus. Vgl. dazu den Artikel: «Zum Abschied von Anselm Burr sorgt der Kirchenratspräsident für Eclat.», in: Tagesanzeiger, 22. Dezember 2009, vgl. auch: www.20min.ch/print/story/10836018.

Deutschland die Umnutzung als Moschee genannt und damit heftige Debatten in Kirchen und Moscheen ausgelöst.[5]

Kirchen mit zentraler, kulturhistorisch vielfach einzigartiger und im Städtebild oft identitätsstiftender Repräsentanz ihrer Räume und Gebäude setzen im Spielraum der Präsenz des Religiösen unübersehbar Dominanz. Neben der «Personalisierung» der Botschaft haben Kirchenverantwortliche in den letzten Jahren den Kirchenraum neu als ausgezeichnete Möglichkeit entdeckt, sich Gehör und Beachtung zu verschaffen.

Räume religiöser Gemeinschaften sind gebauter Anspruch normativer religiöser Kultur. Sie nehmen neben Rathaus, Sport- oder Finanzkathedralen und Museen am Wettstreit um Vorherrschaft und grösstmögliche Beachtung im Stadt- und Quartiersraum wie auch im Dorfkern teil. Kirchen platzieren ihre Räume meist an bester Lage machtvoll im öffentlichen Raum und konstituieren so auch öffentlichen Raum. Kirchen besitzen Macht des Raumes.

Wie sinnvoll oder sinnlos auch immer von der «Macht des Raumes»[6] die Rede ist, eines ist deutlich und klar: Seit zehn, fünfzehn Jahren ist ein neues Interesse an kirchlichen Gebäuden entstanden. Eine neue Faszination «sakraler Räume» ist festellbar. Die Macht des Kirchenraumes ist (wieder) offensichtlich geworden. Nicht zuletzt

---

5 Vgl. im Internet die Diskussion bei http://www.pi-news.net. Im Jahr 2001, anlässlich der jährlichen Tagung der Verantwortlichen der Citykirchen in Zürich in der Predigerkirche, zielte ein Votum des damaligen Zürcher Stadtpräsidenten Josef Estermann in die gleiche Richtung. Er fragte, ob wohl in naher und weiterer Zukunft die Predigerkirche zu einer Moschee umgebaut werde. Das evangelische Wochenmagazin «idea Spektrum» von idea Schweiz hielt im Nachgang der Konferenz fest: «In diese Offenheit über Grenzen hinaus passte durchaus auch die an der Konferenz offen gedachte Anfrage des Zürcher Stadtpräsidenten Josef Estermann, ob die Zürcher Kirchen denn auch bereit wären, eines ihrer Gotteshäuser Muslimen zu übertragen? Estermann zeigte denn auch aus Sicht eines Politikers die Bedeutung auf, die eine offene Kirchenarbeit im Stadtzentrum haben könnte: ‹Jeder Mensch braucht Heimat, Orte und Menschen, wo er sich geborgen fühlt, und mit denen er sich identifizieren kann.» Vgl. Evangelisches Wochenmagazin idea Schweiz, 31. Oktober 2001, 6–7.

6 Georg Simmel, Klassiker und Mitbegründer der Soziologie, verabschiedet Formulierungen wie «Macht des Raumes» oder «Macht der Zeit» als unzureichend und zu sehr vereinfachend, weil sie letztlich nur über die Ursachen hinwegtäuschten, die den Ereignissen in der Tat zugrunde liegen: Vgl. Georg Simmel, Soziologie. Untersuchungen über die Formen der Vergesellschaftung, Gesamtausgabe, Bd. 11, hg. von Otthein Rammstedt, Frankfurt a. M. 1992, 687.

die Stadtkirchenarbeit mit ihren Projekten im Bereich von Kunst und Kirche, interreligiösem Dialog und kulturellem Austausch, den Angeboten von Seelsorge, Segnungs- und Salbungsritualen sowie dem Öffnen der Kirchenräume für sozial-diakonische Initiativen wie «Vesperkirchen», «Suppenküchen» und «Tischlein-deck-Dich» tragen zur Attraktivitätssteigerung dieser Räume bei. Die Wiederentdeckung der Dorfkirchen ist dabei anzuführen wie die Zunahme touristischer Ströme in zentrale Stadtkirchen. Zu nennen sind in einem weiteren Kreis «Räume der Stille» in Bahnhöfen und Flughäfen sowie in Einkaufszentren, Fussballstadien und in säkularen Gebäuden (Spitälern, FIFA-Hauptsitz in Zürich). Dazu gehören auch virtuelle Räume (Internet), neue Trauerrituale in Stadien wie in Kirchen, implizite Religiosität in sakral gestimmten Profanbauten.

Kirchen – Macht – Raum: Jeder Begriff trägt in sich ein grosses Potenzial für die machtvolle Darstellung und Inszenierung christlicher Kultur sowie christlichen Lebens und Glaubens im öffentlichen Raum. Das Zusammenspiel der drei Begriffe birgt in sich eine explosive Kraft, die genau dann besonders wirksam und spürbar wird, wenn Kirchenräume – aus welchen Gründen auch immer – zur Disposition und zur Debatte stehen. «Dass Räume Machtfelder darstellen, erfährt man am ehesten dadurch, dass sie lebenssteuernde Kraft entwickeln.»[7] Was Manfred Josuttis beim Umgang mit heiligen Räumen im Blick hat, wird da augenfällig, wo kirchensteuernde Kräfte in Kirchgebäuden zum Beispiel durch den Rückgang beim Gottesdienstbesuch am Sonntagmorgen nachlassen. Lebenssteuernde Kraft an Leib, Geist und Seele entwickeln Menschen vermehrt durch den individuellen Besuch von Kirchenräumen oder in neuen Gemeinschaften.[8]

---

[7] Manfred Josuttis, Vom Umgang mit heiligen Räumen, in: Albrecht Grözinger u. a. (Hg.), Gelebte Religion, Rheinbach-Merzbach 1997, 241–251, 243.

[8] Auf diese signifikante Verschiebung, bei der der Einzelne den kollektiven Halt in den Kirchenbauten und nicht mehr in der Gemeinschaft oder institutionell eingebundenen Gemeinde findet, hat in den 90er Jahren schon Hans-Georg Soeffner hingewiesen. Daraus folgert er: «Kirchenbauten ... scheinen so in unserer Gesellschaft immer noch das auszustrahlen, was Amtskirchen nicht mehr besitzen – Charisma, Ausseralltäglichkeit, Repräsentation von Transzendenz in einer durchorganisierten Arbeits- und Freizeitwelt.» Hans-Georg Soeffner, Kulturrelikt – Reservat – Grenzzeichen. Kirchen in der offenen Gesellschaft, in: Rainer Volp (Hg.), «Denkmal Kirche?» Erbe – Zeichen – Vision. Die öffentliche Verantwortung für ein akut gefährdetes Kulturerbe. Analysen, Modelle und Do-

Menschen suchen Kirchen auf. Menschen nehmen Kirchenräume für ihre Bedürfnisse in Anspruch. Sie beanspruchen Kirchenräume, verhandeln mit Verantwortlichen, setzen sich durch oder unterliegen. Die Leitungsverantwortlichen von Kirchgemeinden, die den Raum zur Verfügung stellen, brauchen Kriterien für ihre Entscheidungen. In diesem Entscheidungsprozess stellt sich für die evangelisch-reformierte Position ein Dilemma: Auf der einen Seite ist tief im kirchlichen Leben das reformatorische Erbe handlungsleitend: Dem Raum kommt letztlich unabhängig von der Ermöglichung von Gottesdiensten keinerlei Bedeutung zu. In theologischer Hinsicht wird der Kirchenraum zu einem Adiaphoron, einer Nebensächlichkeit. Auf der anderen Seite gewinnt diese Nebensächlichkeit, der Kirchenraum, gegenwärtig an solcher Bedeutung, dass er nicht nur in Altstadtkirchgemeinden zu einer der Hauptsachen kirchlichen Lebens und Glaubens mit ihren Entscheidungsprozessen wird.

Vor diesem Hintergrund ist die Diskussion um den Kirchenraum in der kirchlichen Praxis wie in der theologischen Reflexion von zunehmender Relevanz. Mit der Theologin Elisabeth Jooß gilt es festzuhalten: «Bis heute stellt bei allen Diskussionen um den Kirchenbau die lutherische Position zum Kirchenraum die Hintergrundfolie dar, an der sich die protestantische Position zur Konzeption des Kirchenraums abarbeiten muss.»[9] Jooß bündelt das jenseits architektonischer Fragen verortete Spannungsfeld theologischen Denkens in der Frage, «welchen Stellenwert dem Adiaphoron Kirchenraum für den Glaubensvollzug zugeschrieben wird».[10] Sie zeigt die grosse Spannbreite in der Forschung auf: Den einen Pol bildet die radikal protestantische, reformierte Haltung, die sich direkt auf die Reformatoren beruft und den Kirchenraum in Bezug auf das Beziehungsgeschehen zwischen Gott und Mensch als neutral und deshalb theologisch uninteressant bestimmt. Es gibt keine Theologie des Kirchenraumes, weil der Kirchenraum für die Beziehung zu Gott irrelevant ist. Die entgegengesetzte Haltung vertreten Theorieentwürfe über eine gleichsam ontologisch verortete Heiligkeit von Kirchenräumen: Der Kirchenraum als Gottesdienstraum ist ausgezeichneter

---

kumentationen zur zukünftigen Nutzung und Finanzierung, Darmstadt 1997, 67–79, 78.

[9]   Elisabeth Jooß, Theologie, in: Stephan Günzel, Raumwissenschaften, Frankfurt a. M. 2009, 386–399, 392.

[10] A.a.O., 392f.

Machtbereich Gottes und bleibt es auch ausserhalb der gottesdienstlichen Feier. In der Mitte dieser zwei Pole sind Forschungsarbeiten anzusiedeln, die den Kirchenraum nicht als geheiligten, besonderen Raum verstehen, sondern als einen Raum voller Spuren. Gottesdienstlich feiernde Gemeinden wie einzelne betende Besuchende, Kunstschätze mittelalterlicher Frömmigkeiten wie Erweise aktueller Glaubenspraxis hinterlassen Spuren im Raum. Fresken aus dem Mittelalter damals wie Gebete in aufliegenden Büchern heute erzeugen keine substanzielle oder ontologische Heiligkeit des Kirchenraumes, «aber sie erfordern durch ihren Gottesbezug einen ehrfürchtigen Umgang, der sich atmosphärisch auswirkt».[11]

Der Kirchenraum rückt heute nicht nur in der Praxis kirchlicher Arbeit in den Vordergrund. Dafür ist das Aufkommen des Interesses an der Kirchenraumpädagogik ein Indiz. Der Kirchenraum ist endgültig auch zum Gegenstand einer am protestantischen Verständnis orientierten Theologie als Wissenschaft geworden. Aufgabe und Selbstverständnis der evangelischen Theologie bringt zeitgenössische Parameter menschlichen Lebens mit den tradierten Glaubensinhalten in einen fruchtbaren und kritischen Dialog. Raumkonzeptionen werden mit theologischen Theorien in Verbindung gebracht, Glaubensinhalte mit soziokulturellen und kunsthistorischen Bedingungen in Beziehung gesetzt, denen sie sich selbst verdanken. Ziel dabei ist, eine theologisch fundierte und reflektierte Position zu erarbeiten, um als Verantwortliche in Kirchen beim Spannungsfeld von Kirchen – Macht – Raum nicht zum Spielball irgendwelcher Zeitgeister zu werden. In Gottes Namen soll man wissen, was man tut – in Kirchen mit ihren Räumen und ihrem Potenzial an Macht.

Der vorliegende Band setzt sich genau dies zum Ziel, indem er zunächst drei grosse Bereiche des theologischen Zugangs zum Kirchenraum aus praktisch-theologischer und kirchengeschichtlicher (Kunz, Plüss, Opitz), systematischer (Zeindler, Wüthrich, Stoellger) sowie ethischer Perspektive (Meireis, Mathwig) nebeneinander stellt. Zwei Konkretionen schliessen an diese grundsätzlichen Überlegun-

---

[11] A.a.O., 393f. Jooß ordnet diese drei grundsätzlichen Positionen in der Forschung den Exponenten Horst Schwebel, Manfred Josuttis und Klaus Raschzok zu, vgl. dazu: Horst Schwebel: «Die Kirche und ihr Raum. Aspekte der Wahrnehmung», in: Kirchen-Raum-Pädagogik, hg. v. Sigrid Glockzin-Beder und Horst Schwebel, Münster 2002, 9–30; Manfred Josuttis, Umgang (Anm. 7); Klaus Raschzok, «Spuren im Kirchenraum», in: Pastoral-Theologie 4/2000, 142–157.

gen an: Einerseits wird der Versuch, ein reformiertes Raumverständnis zu entwickeln, anhand einer Projektstudie in Zürich beschrieben (Krieg). Andererseits wird aus Sicht von Kunstschaffenden die Frage nach der Wahrnehmung von Kirchenräumen anhand aktueller Beispiele aus der Deutschschweiz entfaltet (Stückelberger).

In seinen Überlegungen aus praktisch-theologischer Sicht zur Wirkmacht von Sprachspiel und Schauspiel im Gottesdienstraum lässt sich *Ralph Kunz* von der Frage nach der Inszenierung des Spiels des Heiligen im Gottesdienstraum der Reformierten leiten. Persönliche Erfahrungen in reformierten und katholischen Kirchgebäuden sowie biblische Szenarien von Gottes räumlicher Präsenz bilden den Hintergrund der Darstellung der reformatorischen Veränderung vom Schauspiel zum Sprachspiel. Der Umbau des Kirchenraumes für die Inszenierung heiliger Sprachspiele, die Aufhebung des geistlichen Standes, das Gedächtnis der kulturkritischen Prophetie, der Aufruf zum frommen Lebenswandel, die Etablierung einer neuen kulturellen Identität führten seiner Meinung nach zur Heiligung des Alltags wie auch zur Entzauberung des Gottesdienstes. Folgerichtig sieht er im Widerstreit zwischen einem religiös multifunktionalen Raum und einem konfessionellen Profil eine Machtfrage, deren Beantwortung er im Rückgriff auf Michel Foucaults Konzept der Heterotopie in Kirchenräumen als Gegenorten sucht, die den Menschen bergen und ihn vor der Ubiquität des Allraums schützt. Daraus lassen sich nach ihm handlungsleitende Kriterien herleiten, die im Blick auf die Benutzenden von Kirchenräumen neben dem rücksichtslosen Durchsetzen eines konfessionellen Raumprogrammes und dem ebenso rücksichtslosen Stapeln von Requisiten jeglicher Art für den liebevollen Umgang mit beiden Seiten der Frömmigkeit, der mystischen wie auch der vernünftigen, wirbt.

David Plüss nimmt die reformierte Position «Heilige Räume gibt es nicht an sich» auf, indem er bei der bleibenden Bezogenheit von Körper und Raum einsetzt und so die Heiligkeit eines Raumes nur im Bezug auf leibliches Verhalten in Räumen zu bestimmen vermag. Plausibel zeigt er auf, dass für Heinrich Bullinger, den Nachfolger Zwinglis in Zürich und Verfasser des zweiten helvetischen Bekenntnisses von 1566, der Gedanke des leibhaften Bezugs beim Verhalten des Menschen im Kirchenraum nicht unbekannt ist. In Anlehnung an Sätze aus der Confessio Helvetica posterior entwickelt er Grundsätze für eine reformierte Raumtheologie, die Kirchenräume nicht nur funktional, sondern theologisch zu verstehen versucht. Konsequent betont er den engen Bezug der Heiligkeit des Kirchenraumes mit dem liturgischen Geschehen der feiernden Gemeinde.

Den Aspekt der feiernden Gemeinde nimmt *Peter Opitz* auf und entfaltet das reformierte Verständnis des Abendmahls in theologischer Hinsicht aufgrund der Vorkommnisse in Zürich in den Jahren 1523–1525. Besondere Beachtung schenkt er der praktischen Umsetzung der theologischen Position im Grossmünster Zürich: Da das Abendmahl als eine Feier der Gemeinde auf Christi Gebot hin gedeutet wird, wird die Messe nicht mehr im Chor in erhöhter Position der Gemeinde vorzelebriert, sondern findet mitten in ihr, im «Gefletz», im Kirchenschiff statt. Aus der Analyse der Abendmahlliturgie Zwinglis von 1525 zieht er die Konsequenz für den Kirchenraum: Da das Abendmahl als Sakrament keine Instanz der Vermittlung des Geistes Gottes, sondern eine von Gott verordnete Hilfe für den menschlichen Geist und den stets unvollkommenen Glauben ist, wird es zum Ritus, der den Menschen in die symbolische Handlung einbezieht. Der Kreis um den Tisch ist so letztlich geeigneter Ausdruck für Christi Gegenwart im Geist und für den Vollzug der Feier.

Mit *Matthias Zeindler* wird der systematische Bereich entfaltet. Im Blick auf die theologische Bemächtigung des Kirchenraumes setzt er beim Streit um die Macht zwischen Kanzel und Thron an. Dabei kommt er theologisch auf die Macht Gottes zu sprechen, indem er sie als jene Macht bestimmt, die den Menschen gerecht spricht und zum Leben in seiner Freiheit versammelt. Wird Raum allgemein durch Gottes freiheitsschaffendes Wort konstituiert, hat der von Menschen gestaltete Raum dienende Funktion. Der Kirchenraum soll dem Ergehen des Wortes Gottes dienen, er ist qualitativ von anderen Räumen nicht unterschieden. Folglich gibt es seiner Meinung nach auch keine Theorie des Kirchenraumes. Nach ihm ist der Kirchenraum der Raum, in dem Gottes Wort laut werden kann. So entsteht der Raum der von ihm gewährten Freiheit. Plausibel lenkt Matthias Zeindler seine Reflexionen auf den Umbau des Kirchenraumes in der Reformrationszeit und im konfessionellen Zeitalter, der von der Konzentration auf das Hören des Wortes bestimmt war. Der Kirchenraum ist der Ort, wo die Gemeinde sich versammelt, um auf Gottes Wort zu warten. Mit diesem Wort gründet sich die versammelte Gemeinde immer wieder von neuem.

Diesen Aspekt der protestantischen Lehre über den Kirchenraum nimmt *Matthias Wüthrich* auf und setzt ihn aktuellen Fremdzuschreibungen gegenüber, die bei der Frage der Umnutzungen von Kirchen laut werden. Dies drängt den Systematiker, theologisch nach dem

Kirchenraum zu fragen. Bei der theologischen Gewichtung des Kirchenraumes postuliert er einen neuen Raumbegriff, der auf der Grundlage der Diskussion über den «spatial turn» in den Sozialwissenschaften durch seine Relationalität von Mensch und Raum definiert wird. Durch die Aufnahme dieses Raumbegriffes gelingt es ihm, den Kirchenraum über seine funktionale, neutrale Grösse hinaus theologisch zu beschreiben. Der Raum der Kirche kann nicht mehr losgelöst von der Gemeinde und dem gottesdienstlichen Geschehen gesehen werden. Alle Ermächtigungen sind in den Kirchenraum verwoben, in den Raum gelebter Beziehungen. Räume, die sich konstituieren, sind immer mit Praktiken der Macht verbunden. In allen Räumen sind Machtverhältnisse eingelagert, auch in Kirchenräumen.

Torsten Meireis führt in ethischer Hinsicht zwei Probleme in Bezug auf den Kirchenraum an. Einerseits sieht er ein theologisches Problem im Verhältnis von Gott und Mensch, anderseits die moralische Frage, wer im Konfliktfall in der Frage nach dem Verhältnis von unverfügbarer Gemeinschaft und konkreter Organisation letztlich zu bestimmen hat. Durch das von Hans-Richard Reuter entworfene dreigliedrige Begriffskonzept von Kirche, das Verkündigung, Glaube und empirisch beschreibbare Gestalt der Kirche aufeinander beziehen kann, gewinnt er eine Reihe von Kriterien, die der Frage nach dem Kirchenraum eine grosse Bandbreite von theologisch akzeptablen Möglichkeiten gewährt. Anderseits lassen sich aus diesem Konzept Verfahrensvorschläge hinsichtlich der Gestaltungsmacht ableiten, für die Frage also, wer eigentlich worüber zu entscheiden hat. Schlüssig beschreibt er den Umgang mit dem Kirchenraum als Umgang mit der Macht, der prinzipiell gerechtfertigt, jedoch stets legitimationspflichtig ist. Weder ein geistlich, autoritatives Urteil einer Organisationsinstanz (z. B. Pfarrer/-in) noch die Beliebigkeit zufälliger Machtverteilung in Kirchenleitungen sind deshalb akzeptabel, sondern die im demokratischen Verfahren gesicherte Partizipation aller mit Blick auf Kriterien, die sich auf das glaubende Selbstverständnis der Kirche und die gemeinsame Deutung funktionaler Notwendigkeiten beziehen.

Den Umgang mit dem Kirchenraum stellt *Frank Mathwig* in Beziehung zu den Konsequenzen kirchlicher Raumvorstellungen für das Verhältnis von Innen- und Aussenraum. Er setzt beim «spatial, topographical und topological turn» Ende der 1980er Jahre, bei der «Wiederkehr des Raumes», ein und entfaltet am zentralen Begriff der «Anordnung» im Raumkonzept der Soziologin Martina Löw die Frage nach dem ordnenden Subjekt respektive der ordnenden Instanz, die die Welt sinnvoll ordnen und sich individuell oder gemeinsam in ihr verorten. Im Prozess von Ordnung und Verortung spielt nach ihm die Frage der Macht eine zentrale Rolle. Wer über Macht verfügt, unterscheidet zwischen drinnen und draussen, stellt Regeln auf und setzt diese durch. Mit Hilfe von Zugehörigkeit und Ausschluss wird so Gemeinschaft konstituiert. Die Rede von Kirchenräumen bezieht er auf solche Raumtheorien mit ihren Innen- und Aussenraumkonzeptionen. Aufgrund des Kirchenbegriffs Hans-Richard Reuters kann er Zugehörigkeit und Gemeinschaft anstelle in der Innen- und Aussenstruktur in der Beziehung von Menschen verstehen, die unabhängig von ihrer räumlichen Anwesenheit an einem bestimmten Ort bestehen (vgl. Matthäus 18,20). Er spitzt zu: Nicht wo ein Kirchengebäude steht, sondern wo «der Wind weht» (Joh 3,8), da versammelt sich christliche Gemeinde im Geiste Gottes. Kirche befindet sich notwendig im Zwischenraum. Plausibel ist aufgrund der provokativen Anfragen der Zeit an den Raum seine Folgerung, dass der Kirchenbau als «räumliche Umhüllung», als Monument exklusiver Abgrenzung, als öffentlich präsentiertes Machtsymbol wie als spezifische Form sozialer Praxis falsch verstanden wird. Kirchmauern dienen nicht der Einzäunung, sondern sind Zeichen der einladenden christlichen Gemeinde.

Mit seinem programmatischen Titel «Mobilisierung statt Möblierung: zur Rückeroberung der Kirchen» entwirft *Matthias Krieg* den Versuch eines reformierten Raumverständnisses. Er setzt beim reformierten Grundsatz «finitum non capax infiniti» ein: Raum ist nicht heilig an sich, Raum ist nicht, Raum wird. Heilig wird der Raum möglichweise durch das Kommunikationsgeschehen des Glaubens. Der Kirchenbau ist Zeichen eines Gemeinwesens und Konstrukt zugleich. Deshalb setzt er bei zwei Erscheinungen ein: Der Kirchenbau erscheint als Ensemble von Symbolik wie auch von Funktionalität. Zu diesen beiden Erscheinungen des Kirchenbaus setzt er die drei Kategorien Raum, Zeit, Handlung und fügt den Kategorien vier Dimensionen hinzu, die er bei der symbolischen Erscheinung als architektonische, akustische, ikonische und kinetische begreift. Im Zusammenhang mit der Erscheinung der Funktionalität redet er parallel dazu von der liturgisch-gottesdienstlichen, martyrisch-überliefernden, diakonisch-bergenden und koinonisch-gemeinschaftlichen Dimension. Dieser äusserst inspirierende und kreative Versuch findet seine konkrete Anwendung in der Skizze des Zürcher Projekts Kirchenraum, in der er aus theologischer, kommunitärer, ökonomischer, ökologischer, ästhetischer und repräsentativer Perspektive Fragen, Ziele und Massnahmen formuliert.

Johannes Stückelberger wendet sich den konkreten Kirchenräumen zu und fragt nach ihrer Wahrnehmung aus Sicht von Kunstschaffenden. Wie gestalten sie Kirchenräume, im Speziellen reformierte Kirchenräume? Welches Bild von Kirche vermitteln ihre Neugestaltungen? Anhand von neun Beispielen aus der Deutschschweiz veranschaulicht er in kurzen und präzisen Darstellungen die Arbeiten der Künstlerinnen und Künstler in reformierten Kirchen, Kirchgemeindehäusern und einem Spital zwischen den Jahren 2001 und 2010. Es gelingt ihm so, die Attraktivität von Kirchen für Kunstschaffende konkret vor Augen zu führen. Sie nehmen seiner Meinung nach den Kirchenraum wieder vermehrt als Sakralraum wahr, und folgerichtig redet er von einem «spatial turn» in der aktuellen Kunst: Religion ist wieder ein Thema der Gegenwartskunst, Kirchenräume besonders als Perspektivenvermittler, als Ort der Orientierung und Neuausrichtung. Für Neugestaltungen von Kirchenräumen entwickelt er aufgrund seiner Analyse einige Kriterien: Kirchenräume sollen öffentliche Räume bleiben, sie sollen Orte des Umbruchs und der Neuorientierung bleiben, Neunutzungen sollen den Dialog mit der bisherigen Sakralität des Ortes erlauben.

Alle Aufsätze gehen auf Referate zurück, die während des Frühlingssemesters 2010 an einem Forschungstag in der Offenen Kirche Heiliggeist (der Innenraum der Heiliggeistkirche ist auf dem Buchdeckel abgedruckt) in Bern mit siebzig Teilnehmenden gehalten worden sind. Dieses Symposium fand im Rahmen einer Übung der Dozentur für Diakoniewissenschaft der theologischen Fakultät der Universität Bern mit dem Titel: «Gotteshaus oder Garage? Macht und Raum! Machtvoller Raum und raumfüllende Macht. Interdisziplinäre Zugänge zum Verständnis von kirchlichen Räumen. Reformierte Einsichten für moderne Nutzungskonzepte» statt. Ein herzlicher Dank gebührt dem wissenschaftlichen Assistenten der Dozentur, Pfr. Simon Hofstetter, für die Sichtung der Manuskripte,und die Erstellung der druckfertigen Vorlagen.

Der Titel des Forschungstages lautete im engeren Sinne: «Macht und Raum». Die Tagung wurde von den Machtträgern der evangelisch-reformierten Kirchen des Kantons Bern und Zürich mitgetragen. Die Ausführungen der beiden Präsidenten des Evangelisch-reformierten Synodalverbandes Bern-Jura-Solothurn und der evangelisch-reformierten Landeskirche des Kantons Zürich, *Andreas Zeller* und *Ruedi Reich*, beleuchten den kirchen- und macht-politischen

18

Aspekt von Kirchenräumen. (Kirchen) Macht und Raum – der Titel der Tagung bekam durch die Zusammensetzung der Referierenden, unter denen sich nur Männer befanden, zusätzliche Dynamik. Dreissig Pfarrerinnen und Pfarrer unter-schrieben im Vorfeld der Tagung einen Brief mit dem Titel: «‹Macht und Raum – eine Kontroverse› oder: ‹Patriarchale Ignoranz und beklemmende Geschichtsvergessenheit – eine Symphonie von Männern›». Darin kritisierten sie zu Recht die männerfokussierte Auswahl der Referenten. Männer, Macht und (Kirchen-)Raum war das Thema und führte zum intensiven Dialog zwischen den Initiatinnen und Initianten und einer Vertretung der Dozentur und dem Dekan der theologischen Fakultät. Durch diese «Tagung» vor der Tagung geschah eine höchst wichtige Sensibilisierung auf die Frage hin, wer in Kirchen mit ihren Räumen das Sagen hat, in Räumen, die in Gottes Namen gebaut wurden, damit Gottes Wort in den Worten von Frauen, Männern und Kindern und in der Stille laut werden kann.

Aufgrund dieser zusätzlichen Sensibilierung auf die Frage der Macht innerhalb und ausserhalb kirchlicher Mauern und Institutionen verbindet sich mit der Publikation dieser Aufsätze die Hoffnung, dass Dialoge und Gesprächsrunden über Kirchen – Macht – Raum konkret vor Ort weitergeführt und da und dort neue Räume riskiert werden. Gibt es eine schönere Aufgabe im Horizont des Reiches Gottes, als neue Räume zu riskieren – im Wissen, dass Gotteserfahrungen zwar an sich raumunabhängig sind, Kirchen jedoch «gebaute Repräsentanz derselben»[12] darstellen?

Zürich, Herbst 2010, Christoph Sigrist

---

[12] Gisela Gross/Tobias Woyzeck, Auf der Suche nach einer Theologie des Raumes, in: Friedrich Brandi-Hinrichs/Annegret Reitz-Dinse/Wolfgang Grünberg (Hg.), Räume riskieren, Reflexion, Gestaltung und Theorie in evangelischer Perspektive (Kirche in der Stadt 11), Schenefeld 2003, 151–153, 152.

Vom Sprachspiel zum Spielraum –
Die Verortung des Heiligen und die Heiligung der Orte in reformierter Perspektive

Ralph Kunz

1. Religiöse Raumsozialisation

1.1. *fascinosum et tremendum*

In unserem Dorf war eine Kirche, an der ich als Kind nicht vorbei gehen konnte. Sie zog mich magisch an. Ich musste hinein. Drinnen war es ein wenig unheimlich. Aber auch erregend anders, dunkel und

Abbildung 1: Katholische Kirche St. Paulus, Dielsdorf.
http://www.pfarrei-dielsdorf.ch /ueberuns.html (15.06.2010, Foto: Markus Vogel-Marschall)

.geheimnisvoll. Es herrschte ein eigenartiger, aber angenehmer Geruch; es leuchtete ein flackerndes Licht. Ich spürte unbewusst: Das ist ein räumliches Arrangement für das Heilige, etwas, das ich so von meiner Kirche nicht kannte.

21

Diese war hell. Sie hatte keine Geheimnisse. Sie roch nach Putzmittel und werktags war sie geschlossen. Sonntags spielte die Orgel und es predigte von der Kanzel. Alles im Raum predigte. Nur an Weihnachten nicht. Dann durften Kerzen brennen.

Wenn ich im Nachhinein mein kindlich wohliges Schaudern auf einen Begriff bringe, finde ich Zuflucht bei Rudolf Ottos Beschreibung des Numinosen. Der katholische sakrale Raum war für mich ein körperlich spürbares *fascinosum et tremendum*. Er liess mich in einem anderen Raum das Heilige *als* Machtgeschehen erleben. Meine eigene Kirche, eine neugotische Verkündigungshalle, interessierte mich nicht als Raum. In ihr habe ich – vermittelt durch die Verkündigung in Wort, Gebet und Gesang – etwas *über* Heiliges erfahren.

1.2. Recherche

Die Erinnerung lädt ein zu einer Recherche. Der sakrale Raum, der mir eine Erfahrung des Numinosen bescherte, ist die Katholische Kirche St. Paulus in Dielsdorf. Ich stelle fest: Sie ist nur zwei Jahre älter als ich. Also ein Neubau. Jahrgang 1962. Ihre Form erinnert an ein Zelt. Beton wurde als Baumaterial verwendet.

Das galt in den 60er Jahren als modern und gewagt. Es war die Zeit des Aufbruchs. Nicht alle waren begeistert. Es gab auch Opposition. Interessant sind die Überlegungen des Kirchenbauers und Architekten Joseph Dahinden:

> «Die Begegnung mit Gott geschieht im Kult, welcher geordnet ist nach den Sakramenten und der in der Liturgie gefeiert wird. Das Zentrum ist [sic!] der Tod und die Auferstehung Christi, in der heiligen Messe immer wieder von neuem Ereignis werdend. Die Wirkung des katholischen Kirchenraumes auf Geist und Gemüt soll demnach die Kultbereitschaft des Gläubigen fördern. Meditation und Andacht müssen durch die Umraumgestaltung gefördert werden. Daher ist jede optische Ablenkung vom Sacrum nachteilig. Unmittelbare Verbindungen zur profanen Aussenwelt müssen ausgeschaltet werden. Der Kirchenraum ist eine introvertierte Architekturform! Eine dem Raum natürlich verhaftete Weihe unterstützt ihrerseits die kultische Bereitschaft des Volkes. Sie resultiert aus einer frommen und ernsten Grundhaltung des Gestalters. Man sollte im Kir-

chenraum alle billigen Effekte vermeiden und muß ja sagen können zur kompromisslosen und starken Aussage der modernen Kunst.»[1]

Dahinden ist offensichtlich stark beeindruckt von der konziliaren Gottesdiensttheologie. Er übersetzt sie kongenial in die Architektur. Da spricht ein Meister des Fachs. Dahinden ist einer der ganz grossen Kirchenbauer und Architekten der Schweiz. 1925 in Zürich geboren, studiert er 1945 bis 1949 an der ETH Zürich bei Prof. William Dinkel. Seit 1955 hat er ein eigenes Atelier in Zürich. 1956 wird er mit seiner Arbeit *Standortbestimmung zur Gegenwartsarchitektur* an der ETH promoviert. 1974 erhält er einen Ruf als Ordinarius für Raumgestaltung und Entwerfen der Technischen Universität Wien.

Gute Architektur, so Dahinden, schafft Gebäude, die einladen. In seinem Buch «Mensch und Raum» (2005)[2] legt er dar, wie wichtig in der Architektur die Verhaltensbeeinflussung ist, die von Gebäuden ausgeht. Dabei muss ein Architekt berücksichtigen, dass das Wohlbefinden eines Bewohners nicht einfach von einer im Trend liegenden Ästhetik abhängt. Der Architekt muss herausfinden, wie die grundsätzlichen Empfindungsqualitäten eines gestalteten Raumes sind, welche «Gefühlsansteckung» von ihm ausgeht. Bemerkenswert ist seine «Philosophie der Schräge», die er auch an anderen Gebäuden realisierte. Das Schräge entrückt vom Alltag. Eine falsche Empfindungsqualität bei gebauten Räumen erzeuge beim Benutzer Stress. Im Gegensatz zur dominierenden Vertikale wirkt die Schräge befreiend.

1.3. Schief statt schräg

Kann eine Kirche mit senkrechten Wänden sakrale Empfindungen auslösen? Werfen wir einen Blick auf und in die reformierte Kirche Dielsdorf. Sie ist hundert Jahre älter und doch viel «moderner» als Dahindens St. Paulus. Die alte Dorfkirche von Dielsdorf wurde 1864 abgebrochen und an ihrer Stelle ein neugotischer Bau errichtet. Vor einigen Jahren wurde er renoviert. Die Kirchenpflege trotzte der Denkmalpflege die Erlaubnis ab, die angeschraubten Bänke durch

---

[1] Justus Dahinden, Architektonische Gestaltungsprinzipien im katholischen Kirchenbau, 1962 (unveröffentlichtes Manuskript).
[2] Justus Dahinden, Mensch und Raum, Stuttgart 2005.

frei bewegliche Stühle zu ersetzen. Die Wände blieben senkrecht. Dafür werden im Internet im ‹David-Hamilton-Stil› potenzielle Benutzer angeworben (Abb. 2).[3] Der Wolkeneffekt der Fotografie zeichnet das Gerade weich. Das Ganze wirkt aber eher schief als schräg.

Abbildung 2: Reformierte Kirche Dielsdorf, http://ref-kirche-dielsdorf.com/pages/trauungen.php (15.06.; Foto: Joachim Fausch, Dielsdorf).

1.4. Übergang

Räumliche Erfahrungen des Heiligen lassen sich biographisch verorten. Mit Bernhard Waldenfels gesprochen: «Menschen und Dinge sind nicht nur in Geschichten verstrickt, sondern auch in Szenarien verwickelt, und so gewinnen sie ihre Identität.»[4] Wenn es um Macht

---

3   Vgl. http://www.ref-kirche-dielsdorf.ch. Auf der Homepage wird geworben: «Für den Gottesdienst anlässlich Ihrer Hochzeit stellen wir Ihnen unsere schöne Kirche zur Verfügung.»

4   Bernhard Waldenfels, In den Netzen der Lebenswelt, Frankfurt a. M. 1985, 197.

und Raum geht, geht es demnach um die Wirkung der Erscheinung religiöser Räume. Ich will das weite Feld möglicher Fragestellungen einengen auf die Wirkmacht des Sprachspiels und Schauspiels im Gottesdienstraum. Es geht mir dabei insbesondere um die Frage, *wie das Spiel des Heiligen im Gottesdienstraum der Reformierten inszeniert wird* (1).

In einem nächsten Schritt werde ich *biblische Sprachspiele* nachzeichnen – es sind, wie ich gleich zeigen werde – Szenarien (2), die das reformierte *Verständnis* von Liturgie prägten. Dann gehe ich auf die *Gottesdienstpraxis* der Reformierten ein – auf das, was sich *zeigt*, wenn man den Anspruch erhebt, die Bibel zu Gehör zu bringen (3). Der Vergleich mit dem katholischen Raumkonzept dient dazu, fundamentale Differenzen im Raumkonzept aufzuzeigen. Aber die Wahrnehmung der Differenz lädt auch ein, über neue religiöse Bedürfnisse in alten Räumen nachzudenken. Neue religiöse Bedürfnisse lassen mich mit Blick auf die kulturellen Kontexte der Gegenwart und im Rückblick auf eigene Raumerfahrungen von einem *Übergang* vom Sprachspiel zum Spielraum sprechen. Ich versuche mittels dieses Konstrukts meine Beobachtungen präziser zu fassen und zu ordnen. Schliesslich leite ich aus diesen Beobachtungen thesenartig einige *Handlungsimpulse* ab.

2.   Biblische Szenarien von Gottes räumlicher Präsenz

2.1.   *Du sollst Gott nicht in einen Raum sperren*

Natürlich ist es vermessen, eine biblische Sicht von Gottes räumlicher Präsenz zu entfalten. Ich wähle aus und konzentriere mich auf Schlüsselszenen. Von *Szenarien* ist die Rede, weil die Frage nach dem heiligen Ort und der Einfindung des Heiligen in der Bibel erzählt und nicht theoretisch abgehandelt wird. Und ich bezeichne einige dieser Szenarien als *Schlüsselgeschichten*, weil sie Motive liefern, um die konfessionelle Geschichte zu entschlüsseln.

Eine solche Schlüsselerzählung ist die Geschichte vom goldenen Kalb. Sie ist in einem engen Zusammenhang mit dem Bilderverbot zu sehen. Sie erzählt, dass Gott Mühe hat mit der *stabilitas loci*. Gott, der sich seinem Volk als Retter und Befreier im Exodus vorstellt, reagiert empfindlich auf den Versuch, ihm einen Thron zu fabrizieren. Was die Israeliten – notabene unter freiem Himmel – veranstalteten, war der Anfang einer kultischen Verehrung. Man schafft sich ein Gegenüber, in biblischer Terminologie: einen Götzen, der da ist. Aber das ist schlecht vereinbar mit der Art und Weise, wie sich JHWH zeigen will. Das menschliche Bedürfnis, Gott statisch, habhaft und sesshaft zu präsentieren, kollidiert mit dem Streben Gottes, seine Präsenz dynamisch als Begegnung zu gestalten.

Man kann das zweite Gebot des Dekalogs umformulieren. Aus «Du sollst dir kein Bildnis machen» wird «Du sollst Gott nicht in einen Raum sperren». Gott ist der Herr der Räume.[5] Das Thema zieht sich wie ein roter Faden durch die Schrift. In Exodus 33, einer zweiten Schlüsselszene, wird das Thema variiert. Ein neues Motiv taucht auf. Unmittelbar nach der Krise am Sinai zeigt sich Gott grosszügiger. Mose äussert den Wunsch, Gottes Herrlichkeit zu sehen. Der Wunsch wird ihm nicht erfüllt, aber einen Augenschein der Doxa darf er erhaschen, nachdem Gott vorbeigezogen ist. In einer Felsspalte versteckt, darf Mose einen Abglanz der Herrlichkeit – einen Widerschein – sehen.

Du sollst dir kein Bildnis machen. Die Grundregel wird nicht umgestossen. Kein Mensch hat Gott je gesehen. Aber das absolute Gebot wird relativiert. Auserwählte Seher haben Visionen. Oder Auditionen. So wird es beschrieben und so steht es geschrieben in der Schrift. Die Reflektion der inneren Bilder, der Nachhall der Resonanz, die Gottes Stimme im Geist des Propheten erzeugt, wird zum Sprachspiel, das wiederum Vorstellungen beim Hören und Lesen erzeugt. In der Vision des Jesaia (Jes 6) schaut der Leser der Schrift in den Innenraum eines imaginären Tempels und hört das dreimalige Heilig der Engel. Der himmlische Gottesdienst spielt und klingt im Kopf des Propheten. Und die Bilder eines himmlischen Saals oder einer Halle spielen hinüber ins innere Auge und Ohr der Leserinnen und Leser. Das innere Bild, der Tempel im Kopf wird über den Mund des Propheten, vermittelt durch Schrift und Mund des Interpreten, wieder Vision und Audition bei den Hörerinnen und Hörern.[6] Sie nehmen das «Heilig, Heilig, Heilig» in den Mund, es

---

5 Das wird auch deutlich aus der räumlichen Explikation des Gebots Ex 20,4: «Du sollst dir kein Gottesbild machen und keine Darstellung von irgendetwas am Himmel droben, auf der Erde unten oder im Wasser unter der Erde.»

6 Vgl. dazu Rüdiger Lux, «… und auf die Seher folgen die Prediger». Erwägungen zum Verhältnis von Prophetie und Predigt, in: ders., Prophetie und Zweiter

wird zum Gebet und zum Gesang der Gemeinde und füllt den Raum mit Schall.

2.2. Die symbolische Präsentation von Gott im Raum

Man hätte darum den Widerstand der Schrift gegen das Standbild missverstanden, wenn man daraus ein absolutes Bilderverbot zimmerte. Das wäre gleichsam ein Idol der Idolatrie. Der biblische Gott lässt sich schauen, aber nicht vorzeigen. Was Mose im Nachhinein und nur für einen Augenblick sehen durfte, findet eine Fortsetzung im Raum und in der Zeit der Erinnerung und Aufführung der feiernden Gemeinde. Gott wird als Symbol gegenwärtig und in der feiernden Gemeinde leibhaftig erfahrbar. Auf den Punkt gebracht: Gottes Macht erfahren wir nur immer in der Dialektik von leiblich-äusserlicher Sichtbarkeit und geistlicher Verborgenheit der Kirche.

Eine eindrückliche Demonstration dieser symbolischen Gottvorstellung im Raum zeigt sich im gespaltenen Verhältnis Israels zum Tempel. Der Tempel ist als Institution ähnlich ambivalent wie im politischen Bereich das Königtum. Vor allem in der kritischen Rückschau nach der Katastrophe von 587 v. Chr. Diese Lesart hat überlebt. Sie ist Schrift geworden und im kulturellen Gedächtnis gespeichert. Im Nachhinein wirkt Davids Streben, den Kult zu zentralisieren und dafür die Jebusiter zu beerben, zwiespältig. Im Nachhinein wird in Salomos Einweihungsrede ein Sprengsatz eingebaut: «Aber sollte Gott wirklich auf Erden wohnen? Siehe, der Himmel und aller Himmel Himmel können dich nicht fassen – wie sollte es dann dies Haus tun, das ich gebaut habe?» (1Kön 8,27)[7] So könnte man fortfahren bis zur letzten Vision des Sehers auf Patmos, der – quasi im Nachhinein – die himmlische Stadt schaute und sagt: «Und ich sah keinen Tempel darin; denn der Herr, der allmächtige Gott, ist ihr Tempel, er und das Lamm.» (Offb 21,22)

In der christlichen Leseperspektive gehört auch der Riss im Vorhang zum Allerheiligsten (Mk 15,38) in diese Bilderreihe. Die Ge-

---

Tempel. Studien zu Haggai und Sacharja, Tübingen 2009, 310. Lux bezieht sich auf eine Unterscheidung von Leo Baeck und spricht von der nachschaffenden Beredsamkeit der Sprechenden, die den Sehern folgen. Mit «nachschaffend» ist die kreative Auslegung der Tradition gemeint.

[7] Vgl. auch Jes 66,1.

schichte des Tempels ist verwoben und verstrickt mit der Geschichte jenes verrückten Propheten, der gesagt haben soll: «Ich kann den Tempel Gottes abbrechen und in drei Tagen aufbauen.» (Mt 26,61)

2.3. Neuanfang in den Trümmern

Konsultiert man die Schrift, stösst man auf paradoxe Bilder für die Ein-Wohnung Gottes in der kultischen Welt. Die Schrift pflegt die Erinnerung an eine Katastrophe, die im Nachhinein ein Neuanfang war. In den Trümmern bekommt aber auch die Hoffnung auf den (geistigen) Wiederaufbau der Religion einen neuen Raum:

— *konkret* als Neubau
— im *übertragenen* Sinn: durch den Umbau des Kults in eine Schrift-religion
— *personifiziert* im verrückten Propheten, der für seine Blasphemie hingerichtet wurde und am dritten Tag von den Toten aufstand
— *transformiert* in der Gemeinde Christi, die in der Feier und der Nachfolge zum Tempel des Heiligen Geistes wird

Die christliche Idee von Gott im Raum ist auf diese grosse Rahmengeschichte verwiesen. In Inkarnation und Passion wird die Spannung von Präsenz und Absenz Gottes konzentriert, gespiegelt und dramatisch verdichtet zur Geschichte Gottes, der in Raum und Zeit erscheint, aber erst im Nachhinein erkannt wird. Die dynamische Erinnerung der göttlichen Präsenz in Raum und Zeit bildet die Grundlage für neue Sprachspiele des Glaubens. Christus selbst wird räumlich erglaubt. Er wird als Leib vorgestellt, in den hinein die Gläubigen verpflanzt werden. Christus wird zum Fundament, das kein anderer legen kann, zum Eckstein des Dachgewölbes. Gott nimmt durch den *Christus praesens* Wohnung bei den Menschen und wandelt den Leib in einen Tempel für den Heiligen Geist.

Das sind enthusiastische Reden von der Hütte Gottes bei den Menschen (Offb 21). Aber sie bleiben in der Dialektik von leiblich-konkreter Sichtbarkeit und Verborgenheit. Sei es im Bild der lebendigen Steine oder in der Mahnung, den eigenen Leib als lebendiges Opfer hinzugeben: Die Vorstellung von der Gegenwart Gottes bleibt *unscheinbar*. Gott hat keine bleibende Stadt (Heb 13). Er ist irgendwo, wo zwei oder drei sich in seinem Namen versammeln. Er erscheint,

28

wenn Arme das Evangelium verkünden, Gefangene befreit werden und Sünder Barmherzigkeit erfahren.

Der christologische Umbau des Tempels bleibt auf Orte der rituellen und symbolischen Vergegenwärtigung angewiesen. Aber neben der Feiergestalt des Glaubens im umfriedeten Raum rücken mit dem Christus andere Szenarien ins Bild: Geschichten, die vom exzentrischen Wesen Gottes erzählen, der seine Gemeinde auf der Strasse und an den Zäunen sucht. Der Auferstandene bleibt radikal, dynamisch und ubiquitär. So wird die Rede vom Tempel als heiliger Ort zweifach gebrochen: Sie wird spiritualisiert und eschatologisiert.

3. Vom Schauspiel zum Spielraum

3.1. Das Prinzip der Partizipation

Mir ist bewusst, dass ich mit dieser Auswahl biblischer Szenen reformierte Pointen gesetzt habe. Genauso pointiert ist die Behauptung, die protestantische Gottesdienstreform im Spätmittelalter sei die Umsetzung der Kult- und Sakralkritik, wie sie als ein wichtiger Strang innerhalb der jüdisch-christlichen Tradition vorkommt. Um dem Vorwurf der allzu grossen Vereinfachung zu entgehen, weise ich daraufhin, dass die historische Forschung solche Konstrukte fortlaufend *dekonstruiert*. Aber was wir reformierte Identität nennen, begründet sich nicht (nur) aufgrund historisch-kritischer Forschung. Konfessionelle Identität ist vielmehr (auch) als eine bestimmte *Rekonstruktion* von Geschichte zu begreifen.

Unbestritten ist, dass sich in der religiösen Kultur des Spätmittelalters ein Paradigmenwechsel vom Auge zum Ohr vollzogen hat. Das hiess nicht, dass alles Augenscheinliche verbannt und verboten wurde. Die Reformatoren kritisierten zwar die Schaufrömmigkeit, aber der neue Gottesdienstraum soll auch vor Augen führen, dass Gott kein Götze ist. Am augenscheinlichsten waren aber in der Tat die *ikonoklastischen Massnahmen*: das Entfernen der Statuen, das Übertünchen der Wandbilder und der Abbau der Altäre. Der Gottesdienstraum wurde entrümpelt. Doch «das abtuon der Götzen» hatte einen Zweck. Kanzel, Taufstein und Abendmahlstisch wurden befreit. Die Beschallung des ganzen Raums wurde wichtig. Damit alle hören, was verkündigt wird. Der Umbau des Kirchenraums diente der Förderung der Konzentration.

Die Reduktionsmassnahmen richten sich also nach einem Ideal der *Andacht*. Aber man hätte den Sinn des Andächtigen nicht richtig verstanden, wenn man es nur in der Negation des Sinnlichen begriffe. Wer andächtig ist, ist innerlich beteiligt. Darum geht es. Und deshalb wird nicht nur die Fixierung Gottes, sondern auch die Ablenkung der Gläubigen bekämpft. Der Kirchenraum wurde für die Inszenierung heiliger Sprachspiele umgebaut, damit die Gemeinde ihren Part im gottesdienstlichen Spielraum (wieder) übernehmen kann. Sie hört und schaut nicht nur. Sie macht mit.

Besonders eindrücklich wird dieses Prinzip der Partizipation in Zwinglis «Nachtmahl». Es soll symbolisch als «Action» gefeiert werden. Nicht mit Prunk und Protz, sondern so, dass sich die Feiernden an jene Nacht erinnern, in der Jesus verraten wurde und mit seinen Jüngern das Passamahl hielt. Die Gemeinde soll gesammelt und andächtig tun, was ihr geboten wird: Tut dies zu meinem Gedächtnis. So wird Christus in der symbolisch aufgeführten *manducatio spiritualis* geniessbar und der gottesdienstliche Ort wird geheiligt durch Gebet, Gesang und Kommunion. Eine performanzsensible Revision des Sprachspiels lässt den Spielraum neu sehen. Im Kirchenraum treten die Interpreten der Heiligen Schrift, die Musiker und ihr Instrument auf. Auch die Gemeinde hat ihre Rolle. Sie ist nicht nur Auditorium, sie wird auch zur Akteurin. Sie ist der Chor in der eucharistischen Feier.

3.2. *Heiligung des Alltags und Entzauberung der Liturgie*

Das alles hat Raum in der evangelischen Kirche. Der Kirchenraum ist also mehr als nur *funktionaler Raum*. In einer solchen ultrareformierten Zuspitzung wird das spirituelle Moment der reformierten Raumnutzung ausgeblendet. Hingegen wird deutlich – um es in Schleiermachers Diktion zu sagen –, dass die «fromme Erregung» im reformierten Spielraum auf Kommunikation angelegt ist.

Eine kommunikationsorientierte Performanz des Heiligen pflegt ein anderes Verhältnis zum Raum und zur Umwelt. Gesucht wird die *Über*setzung und nicht die *Ver*setzung. In einem solchen Spiel soll man wach bleiben und nicht wegdämmern. Nichts darf ablenken, aber auch nichts soll bannen. Alle Aufmerksamkeit soll sich ausrichten auf die befreiende Botschaft, die den Empfänger in die Welt hinaus sendet.

Wenn wir also im Nachhinein feststellen, dass die Schwelle reformierter Gotteshäuser im Vergleich zu römisch-katholischen niedriger und der Abstand zur Welt kleiner sei, ist das nicht eine Folge einer bewussten Desakralisierung oder gar Entweihung des Raums. Die Grenzziehung sakral/profan wurde von innen nach aussen problematisch. Die Aufhebung des geistlichen Standes und das Gedächtnis der kultkritischen Prophetie, der Aufruf zum frommen Lebenswandel, die Etablierung einer neuen kulturellen Identität – all dies führte zu einer Heiligung des Alltags *und* zur Entzauberung des Gottesdienstes.[8]

4. Neue religiöse Bedürfnisse in alten Räumen

4.1. *Hinterlassenschaften*

Die reformierte Tradition der Gottesdienstverwendung ist eine Hinterlassenschaft. Der leer geräumte Raum soll sich Gott vorzustellen nicht behindern und die Partizipation der Gemeinde, die feiert, fördern. Wenn ich heute in eine reformierte Kirche trete, sehe ich freilich nicht nur dieses Raumprogramm. Ins Auge fallen die Utensilien, die verschiedene Raumbenutzer hinterlassen haben.

Zum Beispiel an den Wänden. Zwingli konnte seinerzeit frohlocken: «sie sind gar hübsch und wyss». Aber offensichtlich ist die Nacktheit der Wände schwer auszuhalten. Wandteppiche und Taufbäume fungieren als Feigenblätter. Oder man holt die alten Gemälde

---

8 Die Verortung des Heiligen im Makrokosmos von Natur, Kultur und Gesellschaft, wie sie der mittelalterliche Mensch noch kannte, ist fragwürdig geworden. Mit dem eindrücklichen Bild von Hans-Georg Soeffner: «Im Glauben der Antike wölbte sich die Himmelskuppel wie ein Baldachin über die gesamte Erde und gliederte sie in die heilige Ordnung des Kosmos ein. Sie garantierte ein umfassendes Sinngefüge, in dem alles Leben und jeder Gegenstand ihren Platz hatten. Es dauerte lange, bis es im Gefolge der Aufklärung zu dem nie mehr auszuräumenden Verdacht kam, daß ‹von Überwölbungen … nichts zu erwarten [sei], außer daß sie einstürzen› (Plessner).»; vgl. ders., Gesellschaft ohne Baldachin. Kultur und Religion in der pluralistischen Gesellschaft, Frankfurt a. M. 2000, Klappentext.

hervor. In einigen reformierten Kirchen hat man alte Fresken entdeckt, die in der Reformationszeit nur übertüncht worden sind. Das Vorreformatorische kommt wieder zum Vorschein. In diesem Zusammenhang ist auch das Comeback der Orgel zu erwähnen.

Wandteppiche, Blumentöpfe, Verstärkeranlage und Leinwand für Projektionen – das alles sind keine Signale für eine Wiederkehr der Schaufrömmigkeit. Eher sind es Zeichen der Pluralisierung liturgischer Performanz. Auffällig sind die Spuren von Benutzern, die in der Aufführung ihrer Frömmigkeit in Konflikt mit dem räumlichen Arrangement geraten. Stühle, die im Chor in Kreisform angeordnet sind, Klangschalen oder Gebetsschemel zeugen davon. Und es leuchtet unmittelbar ein: Frauengruppen wollen im Kreis feiern und nicht auf Bänken sitzen, die auf eine Kanzel ausgerichtet sind. Taizégruppen wollen knien, Charismatiker tanzen und segnen, die Worship-Band ihren Power und die Meditationsgruppe ihre Ruhe.

Der Widerstreit zwischen einem religiös multifunktionalen Raum und einem konfessionellen Profil ist eine Machtfrage. Wer das Sagen hat, nimmt Raum ein. Für solche Konflikte müssen faire und pragmatische Lösungen ausgehandelt werden. Aber es geht auch um theologische und ästhetische Machtfragen. Für eine gehaltvolle und differenzierte Diskussion darüber, was in einem reformierten Gottesdienstraum stimmig ist und was nicht, ist es wenig hilfreich, in alte konfessionelle Grabenkämpfe zu verfallen oder im Tonfall der ewigen Wahrheiten eine korrekte Raumtheologie zu verbreiten. Mit Blick auf die beiden Konzepte gesagt: Reine Schaufrömmigkeit verschweigt, das Gott unsichtbar ist. Reines Sprachspiel übersieht den Spielraum, den das Sprechen einnimmt.

4.2. *Phänomenologische Kritik des rein Funktionalen*

Sehen wir den Kirchenraum in einem grösseren kulturellen Kontext als Spielraum, erlaubt uns das, seine Funktionen neu zu bestimmen. Ich stelle die These auf: Ein guter Gottesdienstraum hilft den Feiernden, den Übergang zu üben – den Übergang vom Alltag ins Heiligtum, aber auch den Übergang vom Heiligtum in den Alltag –, um in beiden Sphären die Transformationsmacht des Heiligen zu erfahren.

Meine These wird gestützt von einer phänomenologisch aufgeklärten Praktischen Theologie, die den aufklärerischen und kulturpessimistischen Verlust- und Bruchgeschichten nicht mehr ganz glaubt. Oder besser: Sie traut dem Pathos, mit dem diese Geschichten erzählt werden, nicht mehr über den Weg. Oder noch besser: Die phänomenologisch aufgeklärte Praktische Theologie übt den schrägen Blick. Und dabei entdeckt sie mitten im Diesseits der senkrechten Wände andere Räume. Was meine ich damit?

Michel Foucault geht in seinem Konzept der *Heterotopie* davon aus, dass sich im Grundriss unserer Lebenswelt die Wirkung von Gegensätzen zeigt, Gegensätze, die «alle [...] von einer stummen Sakralisierung leben».[9] Die Wahrnehmung *orientierender Gegenorte* bei Foucault richtet sich aber nicht nach einer expliziten, institutionell definierten oder offensichtlichen Zuschreibung des Heiligen. Sie ignoriert diese auch nicht, sondern behaust sie vielmehr. In den Gegenorten kommt das Heilige elementar und fragmentarisch zum Zug. Foucaults Antiräume sind in dieser Analogie Unterbrechungen. So wie das Ritual den Zeitfluss des Alltags unterbricht, eine Auszeit erlaubt und die Wirklichkeit neu strukturiert, sind Kirchenräume Gegenorte, die uns bergen können und vor der Ubiquität des Allraums schützen. So wie Rituale liminale Zwischenräume bereit stellen, die auch ausserhalb des Kults – in Kunst und Kultur – erlebt werden, gibt es auch für Kirchenräume «sakraloide» Entsprechungen – ich denke an Kinos, Theater, Gerichtsgebäude oder Einkaufstempel.[10]

Ich habe vorhin den Gewinn eines solchen schrägen Blicks gelobt. Die Skepsis gegenüber Bruch- und Abbruchgeschichten wird belohnt. Man entdeckt die «Spuren der Engel» in den Szenerien, die wir verwenden, um Wirklichkeiten zu symbolisieren. Man merkt, dass das aufgeklärte Weltbild eine Hinterbühne und einen doppelten Boden hat. Ich will die mögliche Gefahr einer solchen Sicht aber nicht verschweigen. Wenn alles Mögliche Symbol für Gottes Gegenwart wird, wird es schwierig, den Spielraum für das Heilige einzugrenzen. Die radikale Öffnung des Raums, der Verzicht auf innen und aussen, führt zur kultischen Verwahrlosung. Es geht also nicht darum, den Damm zu öffnen und eine Überschwemmung des Heiligen zu provozieren.

---

[9] Michel Foucault, Andere Räume, in: Martin Wentz (Hg.), Stadt-Räume, Frankfurt a. M. 1991, 67.

[10] Horst-Eckart Failing, In den Trümmern des Tempels, in: PrTh 86 (1995), 380ff., dem ich diese Einsichten verdanke, verweist auf die Parallelen zwischen Foucaults Antiraum und der Antistruktur in Victor Turners Ritualtheorie.

Die phänomenologisch sensibilisierte Praktische Theologie geht einen dritten Weg. Sie besteht auch dort auf der Heterogenität des Raumes, wo es um die religiöse Erfahrung der Allgegenwart geht.[11] Nicht naive, sondern rekonstruktive Topologie heisst die Losung für eine Theologie, die dieser Spur folgt.[12] Was ist die Konsequenz?

4.3. Konsequenz

Ich sage es bewusst überspitzt: Sogar Erzprotestanten haben begriffen, dass man die Macht des Heiligen vor der Routine schützen muss – indem man Zeit unterbricht und Räume umfriedet. Gottesdienste sind deswegen noch lange nicht kultische Handlungen, und Liturgien haben durchaus unterschiedliche Grade an Ritualität. Aber wer die Macht des Heiligen erfahren will, sucht den anderen Ort.

5. Gibt es reformierte Räume?

5.1. Gespräch über die liturgisch adäquate Raumnutzung

Zum Schluss kommen wir zu handlungsleitenden Impulsen, die sich aus einer solchen Differenzierung ergeben könnten. Zum einen ist die Rücksicht auf die religiös differenzierte und pluralisierte Kirchenkultur der Spätmoderne, die neue spirituelle Bedürfnisse in den Kirchenraum hinein trägt, zu betonen. Diese Bedürfnisse kollidieren mit dem Raumkonzept, das geschraubt, gemauert und von der Denkmalpflege geschützt wird. Ich spreche also von Macht und Raum mit Blick auf die Benützerinnen und Benützer gottesdienstlicher Orte. Zwei Konfliktlösungsstrategien führen sicher nicht weiter:

– die rücksichtslose Durchsetzung eines als richtig und echt erkannten, historisch begründeten konfessionellen Raumprogramms;
– das rücksichtslose Stapeln von und Verstellen des sakralen Raums mit Requisiten – nach dem Prinzip des Stärkeren

---

[11] A.a.O., 390.
[12] A.a.O., 391.

Beides sind wenig hilfreiche Machtdemonstrationen entweder einer Elite oder einer Mehrheit. Wir sollten uns besser ans Gespräch halten. Das klingt bescheiden und gut helvetisch nach Kompromiss. Ich meine es anspruchsvoll. Denn ein gutes, gemeinschaftliches Gestalten der liturgischen Räume setzt voraus, dass die am Gespräch beteiligten Akteure ästhetisch gebildet sind. Sie müssen sowohl verstehen, wie Räume auf Menschen wirken, als auch Verständnis dafür aufbringen, wie Menschen auf Räume wirken. Kirchenraumpädagogik müsste meiner Meinung nach zum Pflichtfach der Behördenschulung gehören.

Zum anderen ist von Macht und Raum auch im Blick auf die Erfahrung göttlicher Selbstvorstellung in symbolischen Vollzügen zu reden. Und um diese Dimension einzublenden, möchte ich zum Schluss noch einmal an die Orte zurückkehren, von denen ich ausgegangen bin.

5.2. Typisch katholisch

Zwei Kirchen habe ich ihnen vorgestellt: die eigene und die fremde. Eine hat mich beeindruckt. Es war dummerweise die römischkatholische. Aber ist der fremde Raum mir wirklich fremd, weil er katholisch ist? Oder ist in diesem Raumkonzept, das die Gemeinde auf das Heiligtum hin ausrichtet, etwas, das Reformierte nicht länger mit «römisch» in Verbindung bringen sollten, sondern als ureigene Katholizität wieder bei sich entdecken dürfen? Und ist das Quantum Fremdheit, das wir in der Wiederaneignung der Schräge erfahren würden, halt doch eine Spur des Heiligen, auf die wir im Hören auf das Wort so nicht stossen würden?

Ich neige dazu, solche Alternativen zu vermeiden. Entweder «katholisch» oder «reformiert» ist passé. Das Beharren auf einer astreinen konfessionellen Identität macht nur schon deshalb immer weniger Sinn, weil bald ein Drittel der Christen in gemischt-konfessionellen Verhältnissen leben. Aber auch hier geht es nicht um Kreuzungen oder Mischungen, sondern darum, typisch katholische (hier im Sinn von *kath-oloikos*: für die ganze [Welt]) Familienähnlichkeiten oder die Alterität im Eigenen und das Eigene im Fremden zu entdecken.

Die Kirche St. Paulus, die eine räumliche Umsetzung der konziliaren Gottesdiensttheologie wagt, realisiert tatsächlich einige fundamentale Postulate der reformatorisch geforderten gemeinschaftlichen Andacht. Sie lenkt die Aufmerksamkeit, sie konzentriert und spricht eine Form und Materialsprache, die dem spirituellen Programm der reformierten Liturgie eigentlich entspricht.

Zugleich kommen typische Eigenheiten an den Tag, die deutlich machen, dass die Feiergestalt des Glaubens in den verschiedenen Spielräumen andere Gottesvorstellungen evozieren. Ich will diese Verschiedenheiten nicht konfessionalistisch fixieren. Es sind die fremden und doch vertrauten zwei Dimensionen der Raumerfahrung, die ich in der Dialektik von leibhaftig-sichtbarer und verborgen geistlicher Gestalt des Leibes Christi ausmache. Ich nenne das eine die Aufführung der *verborgenen* und das andere die Aufführung der *offenbaren* Dimension des Geheimnisses Gottes im Gottesdienstraum.

5.3. Geheimnis des Glaubens

Die Geheimnisdimension des Glaubens (*mysterium fidei*) zeigt sich daran, dass der Raum die Aufmerksamkeit in eine Richtung zieht und auf den Schauplatz der Wandlung hinordnet. Dem Raumkonzept entspricht das gottesdienstliche Selbstverständnis der Kirche, wie es «Sacrosanctum Concilium» in der Konstitution über die heilige Liturgie am pointiertesten zum Ausdruck bringt. Die Kirche birgt das *mysterium fidei*, verbirgt es aber nicht, sondern lässt es in der *participatio actuosa* der *communio sanctorum* als verborgenes Geschehen auf- und weiterleben. Wer mitmacht, ist gebannt vom Heiligen und verbunden mit der Gemeinschaft der Feiernden. Es ist schwierig, sich dem Sog des Raums zu entziehen. Wie im Kinoraum zieht eine starke Präsentation alle Sinne nach vorn. Der Raum ist Teil eines Arrangements, das als ganzes die Semiose des Heiligen repräsentiert.

Der Raum ist aber auch der Ort, der dadurch geheiligt wird, dass Gott sich offenbart *(revelatio dei)*, wo sich zwei oder drei in seinem Namen versammeln, um die Schrift auszulegen. Was alle lesen können, aber doch nicht ganz verstehen, wird übersetzt. Dazu soll man wach bleiben. Denn jeder, der zuhört, soll verstehen und einsehen, was gesagt wird und danach sein Leben heiligen. Gott erscheint, indem eine Predigerin, ein Prediger dem Heiligen ihre Stimme leihen. Die reformatorische ‹Phoniatrie› zerstört nicht den Raum, sondern nutzt ihn um. Ein Raum, der das Hören auf Gottes Stimme betont, will die Aufmerksamkeit nicht bannen, sondern sucht die Konzentration. Der Weckruf erträgt keine Konkurrenz durch Bilder, die ablenken und zerstreuen.

Ich will diese Dimensionen weder mischen noch trennen. Vielleicht ist es gut, dass es verschiedene Räume gibt. Die Mystagogik sucht den Raum, der den Sinnen etwas vom Schauspiel des Heiligen vermittelt, die Pädagogik zieht die diskursive Semiose des Sprachspiels (Lange) vor.

Müsste ich auf eine dieser Dimensionen verzichten, wäre mein geistliches Leben ärmer. Aber im postkonfessionellen Zeitalter darf man von einem Raum in den anderen wechseln.

Das entspricht mir. Meine Frömmigkeit hat sowohl eine mystische als auch eine vernünftige Seite. Beides findet zusammen im Wunsch, dem Heiligen zu begegnen. Mein Glaube braucht das offene Geheimnis, etwas, das mich staunen und manchmal schaudern lässt. Mein Glaube hat aber auch die Klärung der Gedanken bitter nötig.

Bin ich noch reformiert? Bin ich schon katholisch? Vielleicht ein transformierter Katholik, der am Bilderverbot festhalten will, damit er die Liebe zu Gott nicht verliert. Denn letztlich geht es um die Liebe. Max Frisch hat diese Bedeutung des Bilderverbots präzise erfasst:

«Wir wissen, dass jeder Mensch, wenn man ihn liebt, sich wie verwandelt fühlt, wie entfaltet, und dass aus dem Liebenden sich alles entfaltet, das Nächste, das lange Bekannte. Vieles sieht er wie zum ersten Male. Die Liebe befreit es aus jeglichem Bildnis. Das ist das Erregende, das Abenteuerliche, das eigentlich Spannende, dass wir mit den Menschen, die wir lieben, nicht fertig werden: weil wir sie lieben, solange wir sie lieben. Man höre bloß die Dichter, wenn sie lieben, sie tappen nach Vergleichen, als wären sie betrunken, sie greifen nach allen Dingen im All, nach Blumen und Tieren, nach Wolken, nach Sternen und Meeren. Warum? So wie das All, wie Gottes unerschöpfliche Geräumigkeit, schrankenlos, alles Mögliche voll, aller Geheimnisse voll, unfassbar ist der Mensch, den man liebt.»[13]

Gilt das nicht auch für Gott? Ich lasse die Frage – typisch reformiert! – im Raum stehen.

---

[13] Max Frisch, Tagebuch 1946–1949, Frankfurt a. M. 1950, 33f.

Kirchenräume zwischen Leiblichkeit und Heiligkeit

Replik auf Ralph Kunz, «Vom Sprachspiel zum Spielraum – Verortung des Heiligen und Heiligung der Orte»

David Plüss

Ralph Kunz führt ein in die Raumtheorie eines katholischen Kirchenbauers, gibt uns einen sowohl biblischen wie heilsgeschichtlichen Abriss der Raumtheologie, um vor diesem Hintergrund das reformierte Kirchenraumkonzept zu entfalten. Die Pointe seiner Ausführungen besteht nun aber nicht in dieser reformierten Profilierung und schon gar nicht in einer Apologetik gegenüber katholischen Raumtheologien, sondern im freimütigen Bekenntnis, bereits als Kind vom katholischen Sakralraum mindestens so fasziniert gewesen zu sein wie vom kahlen Gemäuer reformierter Kirchen – wenn nicht noch mehr. Und er schliesst folgerichtig mit einem Plädoyer für die Aufhebung falscher Gegensätze, mit einem Plädoyer für die Gleichzeitigkeit von Vernunft und Mystik, von *sacrum* und *profanum*, von Kopf und Bauch, weil zwei Seelen – ach! – wohnen in seiner Brust.

Die von Kunz aufgeschlagene Landkarte scheint mir für diese Tagung hilfreich, und es wäre schön, wenn wir das vorgelegte Reflexionsniveau im Folgenden halten könnten, was nicht einfach werden dürfte. Vor allem bezogen auf seine Grundthese. Es ist durchaus anspruchsvoll, falsche Gegensätze zu überwinden. *Heiligkeit* und *Profanität* sind Konstrukte, Modelle, um eine überkomplexe Wirklichkeit zu beschreiben und zu ordnen. Sachgemäss verwendet, helfen sie uns, liturgisches Handeln besser zu verstehen und mit Kirchenräumen verantwortlicher umzugehen.

Damit ist gesagt: *Heilige Räume gibt es nicht an sich.* Heiligkeit lässt sich nicht dingfest machen, an keinen Raum und keine Gegenstände binden, wie es auch das *profanum* nur im räumlichen Bezug zum *fanum*, zum Heiligen gibt. Die beiden Begriffe verweisen aufeinander, sind die zwei Seiten der einen Medaille. Genauso wie der reformierte Gottesdienst vorbereitet für den eigentlichen Gottesdienst im Alltag der Welt und auf diesen bezogen bleibt. Darum ist die *Stilisierung der*

Profanität des Kirchenraumes auf reformierter Seite nicht nur steril, sondern schlicht *falsch*. Das theologische Interesse der Unterscheidung von Gott und Welt ist zwar verständlich. Auch der Versuch konfessioneller Profilbildung ist verständlich. Aber die Mittel scheinen mir ungeeignet.

Zurück zum Beitrag von Ralph Kunz. Bemerkenswert ist der Einstieg: Der heilige Raum wird weder theologisch begründet noch verworfen, sondern Kunz schildert eigene Kindheitserlebnisse: Die Faszination, mithin die leibliche Anziehung durch einen katholischen Sakralraum. Die reformierte Kirche dagegen ist nur hell und riecht nach Putzmittel.

Der emeritierte Rostocker Praktologe *Karl-Heinrich Bieritz* schilderte ganz ähnlich, wie er als junger Theologiestudent nach einem wortlastigen, blutleeren, säuerlichen Predigtgottesdienst in eine katholische Messe gerät, die er als vollendetes Gesamtkunstwerk erlebt und die ihn nicht an das dunkle Mittelalter erinnert, sondern den himmlischen Gottesdienst erahnen, ja mitfeiern lässt: «Der Weg vom 17. in das 21. Jahrhundert war nicht weit. Oben am Philosophenweg, auf dem Alten Friedhof, thronte die Friedenskirche. Um halb zehn begann hier der Gottesdienst. Säuerlicher, protestantisch-sparsamer Barock umgab den Besucher, orgelte und sang sich ihm in die Ohren, fiel ihm in die Augen, wenn der Vorhang sich teilte und auf der Kanzel über dem Altar die schwarze Büste des Predigers sich zeigte, flankiert von den Gestalten der Apostelfürsten, gekrönt vom Auge Gottes und vom Tetragramm, das der Student der Theologie gerade zu entziffern gelernt hatte. Doch der Weg vom 17., 18. in das 21. Jahrhundert war nicht weit. Man muss nur die Straße überqueren und ein paar Schritte hinabsteigen. Drüben duckte sich die Katholische Pfarrkirche St. Johannes ins Tal, und um elf hielt man hier eine Heilige Messe für Langschläfer und Nachzügler, die es nicht mehr zum Hochamt um neun geschafft hatten. Mit Zittern und Zagen, noch gänzlich ungeübt im Umgang mit Weihwasser und Kniebeugen, im Bewusstsein, ein Sakrileg zu begehen, schlich sich der Student in den fremden Tempel – und in ein unvertrautes, noch nicht erschienenes Jahrhundert. Ein Spiel von Farben, Formen, Bewegungen, Klängen, Gerüchen empfing den ungebetenen Gast, nahm ihn auf wie ein Schiff von einem fernen Stern, fesselte und verwirrte ihn, erschuf vor seinen Sinnen eine neue, rätselhafte, unentdeckte Welt. Alles schien hier aus einer fremden Zukunft zu kommen: Form und Farbe der

Gewänder, die geheimnisvoll gleitenden Bewegungen der Akteure, die metallischen Klänge des gregorianischen Chorals, die kantillierten liturgischen Signale, die Weihrauch-Nebelbänke, das vorkonziliare Latein, die funktionale, geschmeidige Einrichtung des Raums. Und wenn das Scheppern der Schellen die Gemeinde zur Wandlung auf die Knie zwang, umfing den Besucher nicht der Schrecken des Vergangenen, sondern des Zukünftigen.»[1]

Karl Barth spottet zwar wiederholt über das Heimweh der Protestanten nach den schönen Messfeiern Roms.[2] Aber offenbar ist das mehr als Polemik. Offenbar besteht da tatsächlich eine Sehnsucht nach etwas Verlorenem, die uns Protestanten zuweilen umtreibt: Die Sehnsucht nach starken Erlebnissen, die Sehnsucht nach einer stimmigen, feierlichen Inszenierung unseres Glaubens, die Sehnsucht nach atmosphärisch dichten Kirchenräumen.

Es scheint mir kein Zufall zu sein, dass die Beschäftigung mit dem heiligen Raum nicht mit theologischen Grundsätzen und Reflexionen einsetzt, sondern mit einem Erlebnis: Die katholische Kirche zog den reformierten Jungen in ihren Bann, zog ihn magisch an, ohne dass er zu sagen wusste warum. Diese *Anziehung* ist mitunter eine *körperliche*. Dies scheint mir darum kein Zufall zu sein, weil Körper und Raum eng aufeinander bezogen sind. Der Raum ist zunächst ein körperliches Phänomen.[3] Wir bewegen uns, solange wir leben – selbst im Schlaf –, und mit unseren Bewegungen nehmen wir Raum ein, eröffnen Räume und gestalten diese.[4] Zugleich sind wir auf Spielräume und Begrenzungen angewiesen, um uns leiblich verhalten zu können, um uns zu orientieren.

Auch Kirchenräume sind körperlich verfasst. Sie sind die Spielräume unseres liturgischen Verhaltens, Spielräume unseres Betens und Singens, Spielräume der Sammlung und des Segens. Zugleich

---

1   Karl-Heinrich Bieritz, Die Praxis der Zeichen, in: ders., Zeichen setzen, Beiträge zu Gottesdienst und Predigt, Stuttgart/Berlin/Köln 1995, 7–25, 7.

2   Vgl. Karl Barth, Not und Verheissung der christlichen Verkündigung, in: ders., Das Wort Gottes und die Theologie, München 1924, 99–124, 109.

3   Vgl. David Plüss, Gottesdienst als Textinszenierung. Perspektiven einer performativen Ästhetik des Gottesdienstes, Zürich 2007, 171–178.

4   Vgl. dazu sehr instruktiv Gunter Gebauer/Christoph Wulf, Spiel – Ritual – Geste. Mimetisches Handeln in der sozialen Welt, Reinbek bei Hamburg 1998, 23–79.

wirken wir mit unserem liturgischen Verhalten auf Kirchenräume ein. Kirchenräume werden gestaltet durch das liturgische Verhalten der Pfarrerin, des Pfarrers und der Gemeinde. Sie erhalten ein Zentrum und eine Richtung, eine durch Gesten und Rituale hergestellte Kontur.

Körper und Räume sind daher bleibend aufeinander verwiesen. Es gibt weder raumlose Körper noch körperlose Räume. Die Heiligkeit von Räumen wäre demnach nur im Bezug auf leibliches Verhalten in diesen Räumen zu bestimmen, in Bezug auf die Frömmigkeitspraxis einer Gemeinde oder von Einzelnen also. Der leibhafte Bezug auf das Verhalten des Menschen ist jedem Kirchenraum wesentlich.

Auch die kahlen, weissen Wände reformierter Kirchen bilden keine körperlosen Hörsäle. Reformierte Kirchen sind keine Hörsäle. Sie sind mehr und anderes als Reflexionsräume. Auch reformierte Kirchen sind in ihrer Schlichtheit körperlich verfasst: Sie werden zunächst körperlich wahrgenommen und begangen. Sie wirken durch ihre Ästhetik, durch die Raumgestalt, das Licht, die Farben und die Materialität – hier im Bernbiet etwa durch die hellen, weiss getünchten Wände, die einen wohltuenden Gegensatz bilden zum Holz der Kanzel, der Bänke und der Empore. Und sie wirken mitunter durch ihren Geruch, wie Ralph Kunz deutlich macht, wenn es auch nicht der Duft von Weihrauch ist, sondern von Putzmitteln.

Allerdings muss ich gestehen, dass es mir anders geht mit den beiden Raumtypen. Düstere, voll gestellte Kirchen, wie wir sie etwa im Tessin finden, ziehen mich selten magisch an. Schlichte, helle Kirchenräume hingegen gewähren mir Freiheit und Zeit zum Atmen, geleiten mich diskret in die Andacht.

Heinrich Bullinger muss es ähnlich ergangen sein. Jedenfalls habe ich im Zweiten Helvetischen Bekenntnis eine reformierte Theologie des Kirchenraumes gefunden, die mir nicht nur theologisch gehaltvoll scheint, sondern die auch meinem ästhetischen und spirituellen Erleben reformierter Kirchenräume weitgehend entspricht, bei der also der Kopf des Theologen mit seinem Bauch zusammenstimmt.

«XXII. Kapitel: Die Gemeindegottesdienste und der Kirchgang
Obwohl es allen erlaubt ist, die Heiligen Schriften zu Hause für sich zu lesen und einander gegenseitig durch Belehrung im wahren Glauben zu erbauen, sind heilige Versammlungen oder kirchliche Zusammenkünfte dennoch durchaus nötig, *um dem Volke das Wort Gottes ordnungsgemäß zu*

verkündigen, um *öffentlich Bitte und Gebet zu tun,* die *Sakramente ordnungsgemäß zu feiern* [...] So oft man diese gering schätzt und sich davon absondert, verachtet man den wahren Glauben. [...] Die kirchlichen Versammlungen sollen aber *nicht verborgen und heimlich,* sondern *öffentlich und regelmäßig* abgehalten werden, [...] Die Stätten, an denen die Gläubigen zusammenkommen, sollen aber *würdig* und der Kirche Gottes in jeder Hinsicht *angemessen* sein. Dafür sind *geräumige Gebäude und Kirchen* zu wählen. Sie sind jedoch *rein* zu halten von allen Dingen, die der Kirche nicht wohl anstehen. [...] Wie wir aber glauben, dass Gott nicht wohne in Tempeln von Händen gemacht, so wissen wir doch aus Gottes Wort und aus den heiligen Gebräuchen, dass die Gott und seiner Anbetung gewidmeten Stätten nicht gewöhnliche, sondern *heilige Orte* sind, und wer sich darin aufhält, soll sich *ehrerbietig und geziemend benehmen, da er ja an heiligem Orte ist,* vor Gottes und seiner heiligen Engel Angesicht. Daher ist von den Kirchen und Bethäusern der Christen jede Kleiderpracht, alle Hoffart und alles, was christliche Demut, Zucht und Bescheidenheit verletzt, durchaus fernzuhalten. Der wahre Schmuck der Kirchen besteht auch nicht in Elfenbein, Gold und Edelsteinen, sondern in der *Einfachheit, Frömmigkeit und den Tugenden* derer, die im Gotteshaus weilen. Alles aber geschehe in der Kirche *anständig und ordentlich, alles diene schließlich der Erbauung.*»[5]

Nun, worin besteht die reformierte Kirchenraumtheologie der Confessio Helvetica? Ich beschränke mich auf wenige Punkte, die mir wesentlich scheinen:

1. Reformierte Christen können nicht nur selber denken, sondern auch die Bibel selber lesen und selber beten. Dennoch brauchen auch die Reformierten *gottesdienstliche Versammlungen mit Predigt, Gebeten und Liedern.* Auch die Reformierten haben es nötig, dass sie in Gottesdiensten erbaut, berührt und verändert werden, dass ihre Frömmigkeit liturgisch kultiviert und ihre zuweilen eigenwillige Theologie reflektiert wird. Wenn es nach Bullinger geht, sollen diese Versammlungen *regelmässig* und *öffentlich* stattfinden.
2. Dafür brauchen sie *Kirchenräume,* die sich sowohl für die Predigt wie für das Gebet wie für die Sakramente eignen, die also Raum

---

5   Heinrich Bullinger, Das Zweite Helvetische Bekenntnis (1566), Zürich 1998, 118–120.

bieten für *Reflexion*, für *Meditation* und für *Rituale*. Kirchenräume haben somit den verschiedenen Formen liturgischen Verhaltens zu dienen. Die Verkündigung ist von der Raumkonzeption her nicht gegen das Gebet auszuspielen und dieses nicht gegen das Ritual.

3. Bullinger bestimmt geeignete Kirchenräume nun aber nicht nur funktional, sondern auch theologisch. «[…] die Gott und seiner Anbetung gewidmeten Stätte(n) sind nicht gewöhnliche, sondern heilige Orte», wie er schreibt. Denn wer Gottesdienst feiere, stehe «vor Gottes und seiner heiligen Engel Angesicht». Die Heiligkeit wird durch die Gegenwart Gottes in seiner Gemeinde bestimmt, und zwar im Vollzug des Betens, Singens und Hörens. *Heilig sind die Kirchenräume somit bezogen auf die Liturgie der Gemeinde.*

4. Die Heiligkeit des Raumes hat bei Bullinger aber auch eine *ästhetische* und sie hat eine *ethische* Seite. Aller Prunk und Schmuck soll aus den Kirchen entfernt werden, da sie von der wahren Heiligkeit ablenken. Die Heiligkeit drückt sich zum einen in der Schlichtheit der Raumgestaltung aus und zum anderen in der «Einfachheit, Frömmigkeit und den Tugenden» derer, die den Gottesdienst feiern. Die Anbetung Gottes und seiner heiligen Engel soll nicht abgelenkt werden durch aufwändige Raumgestaltung. Der Gottesdienstraum soll der Konzentration auf das Wesentliche dienen: der Konzentration auf die Gottesbegegnung, der Andacht und der Erbauung.

5. Es fällt auf, dass den Fragen des Raumes, der Kleidung und des Verhaltens sehr viel Raum gegeben wird. Vermeintliche Äusserlichkeiten spielen demnach eine grosse Rolle für Bullinger und die reformierten Kirchen der Anfänge. *Raumästhetik* und *Körperlichkeit, Theologie* und *Ethik* werden eng aufeinander bezogen.

Diese Grundsätze reformierter Raumtheologie scheinen mir auch heute noch bedenkenswert und wegweisend. Auch wir Reformierten haben heilige Räume. Aber ihre Heiligkeit ist nicht räumlich dingfest zu machen, sondern auf die Liturgie bezogen. Ihre Heiligkeit ist liturgisch, und das heisst: gleichzeitig theologisch, ästhetisch und ethisch zu bestimmen. Reformierte Kirchenräume sind auf das körperliche Verhalten von Menschen in der Liturgie bezogene Möglichkeitsräume des Heiligen.

Kanzel und Gefletz – theologische und räumliche Verschiebungen zur Einführung des reformierten Abendmahls in Zürich (1525)

Peter Opitz

Die Reformation in Zürich, und damit ein massgeblicher Erstimpuls der «reformierten» Tradition, verstand sich nicht als Erneuerungsbewegung im Blick auf kirchliche Gebäude und Räume. Es ging ihr um das «Innere» des Menschen: Um die Befreiung seines Gewissens. Zugleich aber war sie stets nicht nur gegen einen aktuellen Missbrauch einer kirchlich-religiösen Institution oder kirchlicher Macht gerichtet, sondern zielte kritisch auch auf kirchenrechtlich legitimierte und frömmigkeitsgeschichtlich seit Generationen institutionalisierte kirchliche Einrichtungen, wie der Streit um die Fastenvorschriften von März 1522 zeigt. Zwinglis theologische Argumentation in der sich an das «Froschauer Wurstessen» anschliessenden öffentlichen Diskussion machte dann durch die grundsätzliche Gegenüberstellung, ja Entgegensetzung von göttlichen und menschlichen Geboten unmittelbar deutlich, dass diese Reformation nur in einem radikalen, auf die biblischen Wurzeln der christlichen Tradition rekurrierenden, Umbau der gesamten kirchlichen und kultischen Institutionen und Bräuche bestehen konnte. Als Meilenstein in diesem Umbau ist zweifellos die erste Feier des «Nachtmahls» im Zürcher Grossmünster im Frühjahr 1525 zu betrachten, die für das Verständnis und für den Gebrauch eines reformierten Kirchenraumes ausserordentlich folgenreich war. Die hier unternommene historisch-theologische Erinnerung an die Anfänge der reformierten Abendmahlstradition nimmt den Phänomenkomplex von «Macht und Raum» nur sehr indirekt in den Blick. Sie möchte aber auf unabdingbare theologische Grundlagen für seine Bearbeitung aus einer reformierten Perspektive aufmerksam machen.[1]

---

[1]   Ein Einbezug der Forschungsgeschichte würde den Rahmen des Beitrags bei weitem sprengen. Hingewiesen sei immerhin auf: Gottfried W. Locher, Im Geist und in der Wahrheit. Die reformatorische Wendung im Gottesdienst zu Zürich,

Die Einführung der Abendmahlsfeier in Zürich

Zwingli hat seit Beginn seines Wirkens als Leutpriester am Zürcher Grossmünster das christologisch zentrierte Schriftprinzip vertreten. Die Christusbotschaft, wie sie sich durch das biblische Wort Gehör verschafft, war für Zwingli befreiende, zum persönlichen Vertrauen einladende Kraft und gesellschafts-, kirchen- und religionskritische Norm zugleich. Die «reformierte» Variante des gemeinreformatorischen Themas der Freiheit eines Christenmenschen verband somit die innerliche Entlastung des Gewissens vor Gott mit einer Befreiung von konkreten äusserlichen Lasten der Frömmigkeitspraxis von Anfang an. Zwinglis biblisches Motto von Mt 11,28, das er vielen seiner Schriften auf das Titelblatt setzen liess, ist in dieser doppelten Weise als Befreiungswort zu verstehen: «Kommt zu mir all ihr Geplagten und Beladenen: Ich will euch erquicken [...] denn mein Joch drückt nicht, und meine Last ist leicht.»

Im Unterschied zu zahlreichen Mitstreitern, welche die Sache der Reformation mit gezielten Provokationen voranzutreiben suchten, trat Zwingli allerdings im Blick auf Änderungen der kirchlichen Praxis und Institutionen für ein Vorwärtsgehen mit Bedacht ein. Stets war es der Rat, welcher die Entscheidungsgewalt besass und auch wahrnahm.

———

Neukirchen 1957; ders., Streit unter Gästen. Die Lehre aus der Abendmahlsdebatte der Reformatoren für das Verständnis und die Feier des Abendmahls heute, Zürich 1972; Eberhard Grötzinger, Luther und Zwingli. Die Kritik an der mittelalterlichen Lehre von der Messe als Wurzel des Abendmahlstreites, Zürich 1980; Alfred Ehrensperger, Zwinglis Abendmahlsgottesdienst. Seine liturgie-theologischen Voraussetzungen und seine Wirkungen auf die Abendmahlspraxis in den reformierten Kirchen der deutschen Schweiz, in: Liturg. Jahrbuch 41 (1991), 158–182; ders., Der evangelisch-reformierte Abendmahlsgottesdienst in den Kirchen der deutschsprachigen Schweiz. Sein Charakter, sein Aufbau und seine Vorbereitung, in: Jahrbuch für Liturgik und Hymnologie, 44. Bd., Göttingen 2005, 9–41; Ralph Kunz, Gottesdienst evangelisch-reformiert. Liturgik und Liturgie in der Kirche Zwinglis, 2., überarb. Aufl., Zürich 2006; Die Quellentexte werden zitiert nach: Huldrych Zwingli, Schriften, hg. von Thomas Brunnschweiler und Samuel Lutz, 4 Bde., Zürich 1995 [=ZS]; Huldreich Zwinglis sämtliche Werke, hg. von Emil Egli u. a., Bde. 1–14, Berlin, Leipzig, Zürich 1905–1991– (Corpus Reformatorum 88–101) [= Z]; Huldreich Zwinglis Werke. Erste vollständige Ausgabe, hg. von Melchior Schuler und Johannes Schulthess, 8 Bde., Zürich 1828–1842 [= S].

Zwar war seit den Disputationen von 1523 die Entscheidung zugunsten Zwinglis und seiner Anhängerschaft im Grunde gefallen. Durch die aussen- wie innenpolitische Situation bedingt, bedurfte es dennoch eineinhalb teilweise turbulenter Jahre, bis sich im Frühjahr 1525 die Lage so weit zugespitzt hatte, dass eine verbindliche liturgische Entscheidung gefällt werden musste, wollte man den religiösen Frieden und die religiöse Einheit der Stadt bewahren. Das eine Zeitlang erwogene Nebeneinander von Messe und «Nachtmahl» schien nun kein gangbarer Weg mehr zu sein.

Es war die Fortsetzung eines bereits früher vom Rat erhaltenen Auftrages, wenn Zwingli am 11. April 1525 zusammen mit den anderen beiden Leutpriestern, Leo Jud von St. Peter und Markus Engelhard vom Fraumünster, begleitet von Kaspar Megander und Oswald Myconius, vor den Rat der Zweihundert trat und nun die vollständige Abschaffung der «abgöttischen» Messe und ihre Ersetzung durch das «Nachtmahl», wie es die biblischen Berichte bezeugen, forderte. Nach intensiver Diskussion setzte der Rat eine Kommission von vier Leuten zur weiteren Bearbeitung der Frage ein. Bereits am folgenden Tag, am 12. April, wurde dann im Grossen Rat darüber abgestimmt: Ein knappes Mehr entschied für die sofortige Abschaffung der Messe. Schon einen Tag später, am 13. April 1525, es war Donnerstag vor Ostern, fand die erste reformierte Abendmahlsfeier in der Eidgenossenschaft statt.[2] Die Liturgie stammte aus Zwinglis Feder und war vom Rat – ebenfalls am Vortag – in leicht abgeänderter Form bewilligt worden. Zwingli hatte sie kurz zuvor unter dem Titel «*Aktion und Brauch des Nachtmahls*» verfasst und drucken lassen.[3]

Das Abendmahl als Feier der Versöhnung

Zwinglis abendmahlstheologische Grundentscheidungen, in deren Linie sein Liturgieentwurf steht, waren zu dieser Zeit längst gefallen. Zwinglis Abendmahlslehre ist in bewusstem Gegensatz zur spät-

---

2   Vgl. Heinrich Bullingers Reformationsgeschichte, hg. von Johann Jakob Hottinger und Hans Heinrich Voegeli, 3 Bde., Reprint der Ausgabe Frauenfeld 1838, Zürich 1985, Bd.1, 263–265.
3   Aktion oder Brauch des Nachtmahls, Z IV, 13–24.

mittelalterlichen Messopferlehre konzipiert, setzt die Akzente allerdings anders, als dies bei Luther zumindest seit 1523 der Fall war.[4] Die 18. der 67 Thesen, die Zwingli für die erste Zürcher Disputation vom 29. Januar 1523 entworfen hatte, lautet:

> «Christus, der sich selber nur einmal zum Opfer gebracht hat, ist ein in Ewigkeit wirkendes und bezahlendes Opfer für die Sünden aller Gläubigen. Daran erkennt man, dass die Messe kein Opfer, sondern die Vergegenwärtigung des Opfers und die Zusicherung der Erlösung ist, die Christus uns geleistet hat.»[5]

In der kurz nach der Disputation entstandenen «*Auslegung der Thesen*» erläutert Zwingli seine christologische Begründung der Ablehnung der Messopferlehre genauer.[6] Es ist das «Amt» Christi, «in Ewigkeit der einzige höchste Priester» zu sein, «der nichts als sich selbst zum Opfer bringt». Es ist also die Würdigung des Heilstodes Christi in seiner keiner Ergänzung bedürfenden Geltung und Kraft, welche ein römisches Verständnis des Messopfers nach Zwingli verbietet. Denn Christi Opfer ist

> «ein so vollkommenes Opfer, dass er, nur einmal geopfert, all jene, die an ihn glauben [...] in Ewigkeit vollendet oder losspricht, d. h. zur Vollendung führt.»[7]

Die Rolle eines opfernden Abel, Abraham oder Melchisedek kommt der Kirche Jesu Christi nicht zu, so wenig wie irgendeinem Menschen. Christus selbst – und damit Gott allein – ist sowohl Subjekt wie auch Objekt der Versöhnungshandlung.

Begründet wird diese Versöhnungschristologie mit zahlreichen neutestamentlichen Stellen, zunächst unter Hinweis auf verschiedene Passagen aus dem Hebräerbrief, dann aber auch aus anderen Briefen.

---

[4] Die gelegentlichen Hinweise auf Luther sollen in unserem Zusammenhang lediglich der Konturierung des spezifisch «reformierten» Profils dienen. Sie lassen sich zwar leicht belegen, bedürften aber zweifellos der Differenzierung, die hier nicht geleistet werden kann. Einen knappen Einblick in Luthers abendmahlstheologische Entwicklung gibt J. Staedtke, Art. Abendmahl III/3, in: TRE 1, 111.

[5] ZS II, 133 (= Z II, 111,26–32).

[6] ZS II, 133–145 (= Z II, 112–122).

[7] ZS II, 136 (= Z II, 114,14–17).

«Die ganze Schrift ist voll von diesbezüglichen Aussagen.»[8] Wenn die heilsame Vermittlung zwischen Gott und Mensch aber exklusiv im einzigen Mittler Christus und seiner vollendeten Selbsthingabe am Kreuz als ein geschichtliches Dort und Damals realisiert und zu finden ist, kann die Abendmahlsfeier der Gemeinde weder deren Verlängerung noch deren Vollendung sein. Sie ist theologisch nicht auf der ontischen, sondern auf der noetischen Ebene anzusiedeln («Vergegenwärtigung»; «Zusicherung»). Sie besitzt ihren Ort und ihre Bedeutung in der Klammer von Wort und Glaube, in der Klammer der Botschaft von dieser Versöhnung einerseits und dem vertrauenden Hören auf sie andererseits, um aus ihr zu leben und so Gemeinde Jesu Christi zu sein. Das Abendmahl feiert somit die in und durch Christus vollzogene Versöhnung und ist folglich wesentlich ein Dank-, Freuden- und Bekenntnismahl. Zwingli erläutert dies im Rückgriff auf die alten Begriffe der *Eucharistie* und des *Sacramentum*.[9] Sein liturgischer Entwurf »*Aktion und Brauch des Nachtmahls*« ist ein Versuch, dies im Blick auf die Gestaltung der Feier umzusetzen.

Das Abendmahl als Feier der Gemeinde auf Christi Gebot hin

Bereits der Titel der Schrift «*Aktion und Brauch des Nachtmahls*» macht deutlich, dass Zwingli das Abendmahl zunächst unter dem Aspekt einer Feier der Gemeinde in den Blick nimmt. Ein Rückgang auf die ursprüngliche, durch Christus erfolgte Einsetzung dieser Feier, wie sie Zwingli konsequent anstrebt, erkennt in ihr eine durch Christi Wort begründete Handlungsanweisung und Zweckbestimmung. Christus hat, so Zwingli, seine Gemeinde beauftragt, nach seinem Tod in bestimmter Weise zu handeln, nämlich das Abendmahl weiterhin, bis zum eschatologischen Mahl in der Vollendung seines Reiches (Lk 22,30), zu feiern, und dies mit dem Ziel der Erinnerung an ihn, die durch die Erwähnung seines Leibes und Blutes die Erinnerung an seinen Kreuzestod ist: «tut dies zu meinem Gedächtnis». Die Wiederherstellung des Abendmahls in Orientierung am Willen Christi

---

[8]   ZS II, 141 (= Z II, 119,14).
[9]   Vgl. Z III, 775f. 758f.

muss somit darauf zielen, dass dieses als Feier, als Handlung der Gemeinde praktiziert werden kann und auch so verstanden wird. Damit aber muss der Abendmahlsritus räumlich *inmitten* der Gemeinde stattfinden. Er wird der Gemeinde nicht mehr im Chor, an erhöhter Stelle, vorzelebriert, sondern findet im «Gefletz» statt, wie Zwingli den vorderen, leeren Teil des Kirchenschiffs bezeichnet. Das Abendmahl findet buchstäblich auf der Ebene statt, auf welcher sich die Gemeinde befindet. Ein an die Wand gebauter, einige Stufen höher liegender Altar ist als Ablage für Kelch und Brotschale ungeeignet: Wendet sich der Pfarrer diesem zu, steht er mit dem Rücken zur Gemeinde, und umgekehrt. Wer in der Mitte zwischen Brot und Wein einerseits und der Gemeinde andererseits steht, beansprucht liturgisch, zu vermitteln. So sind in der durch Zwingli inaugurierten reformierten Tradition Altäre – ebenso wie an die Wand gestellte Abendmahlstische – unmöglich. Altäre konnten im Zürcher Grossmünster nicht umfunktioniert oder uminterpretiert, sie mussten schlicht abgebrochen werden.

Die praktische Anweisung Zwinglis sieht vor, dass Brot und Wein schon während der Predigt auf einem Tisch sichtbar im Kirchenschiff bereitstehen. Nach der Predigt werden nach der Verlesung von Joh 6,47–63 und der Abendmahlsperikope 1 Kor 11,20–29, die sich in der Erläuterung des geistlichen Sinnes der nun folgenden Gemeindehandlung gegenseitig interpretieren sollen, Brot und Wein in der Gemeinde herumgereicht.[10]

Dass Christus die Gemeinde beauftragt hat, diese Feier zu vollziehen, und sie damit als handelnde Gemeinschaft anspricht, unternimmt Zwinglis Entwurf auch dadurch umzusetzen, dass er die Ge-

---

10 «Und so die predig beschicht (geschieht), wirt man ungeheblet (ungesäuertes) brot und wyn zu vorderst im gefletz (leerer Raum im vorderen Kirchenschiff) uff einem tisch haben, und demnach den vergriff (Bedeutung) mit offentlichen (klaren), verstentlichen, tütschen worten – wie härnach volgt – erzellen, unnd demnach durch verordnete diener das brot in höltzenen, breiten schüßlen harumbtragen von einem sitz zů dem anderen, und da einen yeden mit siner hand lassen einen bitz oder mundvoll abbrechen unnd essenn, ouch demnach mit dem wyn glycherwyß harumbgan, also, das sich nieman ab sinenm ort můß bewegen. Unnd so das beschähen (geschehen) ist, wirt man mit offnen hällenn worten gott lob und danck sagen mit hoher verstentlicher stimm. Da so dann die gantze mengy (Menge) unnd gemeynd zů end deß beschluß (Schlussteils) ‹Amen› sprechen.» Z IV, 16,1–13. Vgl. dazu auch Z VI.5, 102,16–18!

meinde aktiv am liturgischen Akt der Feier zu beteiligen sucht. So sollten das Gotteslob vor dem Mahl, das gemeinsame Glaubensbekenntnis in Gestalt des Apostolikums und schliesslich der Dankespsalm 113 nach dem Mahl wechselweise von den Frauen und Männern gesprochen werden, was vom Rat allerdings abgelehnt wurde.[11] Aber bereits die Art und Weise des Essens des Brotes und des Trinkens des Weines lässt das Moment des Teilens der Gemeinde – im Unterschied zu einem Austeilen durch die «Kirche» und Entgegennehmen durch das «Volk» – in den Vordergrund treten: Da die Gemeinde nicht an einem Tisch Platz hat, bleibt sie auf den Bänken sitzen und nimmt dort das Mahl ein – eine Konzession an die praktische Durchführung, die das Ideal einer sitzenden Tischgemeinschaft noch durchscheinen lässt. Nicht nur die Feier in beiderlei Gestalt, auch dass das Brot in einer breiten Schüssel herumgereicht wird, damit jeder sich «mit seiner eigenen Hand» ein Stück nehmen oder gar abbrechen kann, war im Vergleich zur spätmittelalterlichen Messfeier, aber auch im Vergleich zu der durch Luther inaugurierten Tradition, eine Revolution.

Der Pfarrer spricht die Gemeinde zudem als «liebe Brüder» an.[12] Er ist ihr stets zugewendet, auch dann, wenn er gleichsam als stellvertretender Sprecher für sie ein Bittgebet an Gott richtet. Das Abendmahl ist nicht Handlung *für die* Gemeinde, so hat es die römische Messliturgie verstanden, sondern «Aktion und Brauch» *der* Gemeinde.

Das Abendmahl als Feier der Gemeinde auf Christi Einladung hin

Ist auf der liturgischen Ebene die Gemeinde das handelnde Subjekt, so soll zugleich – und gerade so! – gewürdigt werden, dass auf der theologischen Ebene Christus das alleinige Handlungssubjekt bleibt. Denn das Abendmahl erfolgt auf Einladung Christi hin. In besonderer Weise steht es unter dem Ruf Christi: «Kommt zu mir all ihr Geplagten und Beladenen: Ich will euch erquicken!» In Zwinglis «*Versuch über*

---

[11] Aktensammlung zur Geschichte der Zürcher Reformation in den Jahren 1519–1533, hg. von Emil Egli, Zürich 1879 (Reprint: Aalen 1973), Nr. 684.
[12] Z IV, 21,22.

den Messkanon» von 1523 sollte dieses Christuswort aus Mt 11,28 in unmittelbarem Anschluss an das Einsetzungswort verlesen werden.[13] In der am 6. April 1525 bei Froschauer erschienenen Druckfassung der «*Aktion und Brauch des Nachtmahls*» erscheint der Spruch Mt 11,28 auf dem Titelblatt. Im Vollzug der Liturgie selbst kommt die Einladung dadurch zur Sprache, dass vor dem Mahl von der Kanzel herab aus Joh 6 (Verse 47–63) vorgelesen wird, wo Christus sich selber als das wahre, geistliche «Brot des Lebens» bezeichnet und in Ich-Form zu sich selbst einlädt. Christi Absicht ist es, die «Geplagten und Beladenen» zu «erquicken». Damit erfolgt das Essen und Trinken der Elemente unter der «Ruheverheissung» des einladenden Christus.

Vielleicht könnte man zugespitzt formulieren: Während die römische Messe als Opferritus konzipiert war, und während Luther in radikaler Umkehrung des Messopfers das Abendmahl konsequent als Gabe Gottes an die Menschen zu verstehen lehrte, interpretierte Zwingli die Abendmahlsfeier primär von der Leitmetapher des Gastmahls her, die ja im Neuen Testament verschiedentlich verwendet wird und die auch den Kontext des Abendmahls im neutestamentlichen Zeugnis bildet. So wählte Zwingli nicht zufällig 1Kor 11 als vorzulesenden Abendmahlstext aus. Zunächst wird dabei die gesamte paulinische Abendmahlsparänese für die Versammlung der Gemeinde in Korinth (1Kor 11,20–29) verlesen: «Wenn ihr an einem Ort zusammenkommt [...] ». Erst später, direkt vor der Austeilung, werden die eigentlichen «Einsetzungsworte» (1Kor 11,23–26) noch einmal zitiert: «Jesus, in der Nacht, in der er verraten wurde [...] »[14]

Die für Luther so zentrale Dimension der individuellen Testamentszueignung, orientiert am mittelalterlichen Absolutionsspruch, wird in der Semantik des Gastmahls zweifellos weniger stark akzentuiert. Das Gefälle der Gnade zwischen Christus und dem Menschen wird damit in Zwinglis Augen aber keineswegs abgeschwächt. In diesem Gefälle erhält die Abendmahlsfeier aber einen breiten Raum, indem andere von Paulus mit dem Abendmahl verbundene Momente, das Bekennen und das Verhältnis zwischen den Tischgenossen, von Anfang an mitthematisiert werden.

---

[13] Z II, 607,37f.
[14] Z IV, 17f. 22f.

Die auf dem Tisch im «Gefletz» stehenden Abendmahlselemente stellen die Einladung Christi zur Gemeinschaft mit ihm als Einladung an den eigenen, gedeckten Tisch anschaulich dar. Während die Gemeinde im Kirchenschiff diese Tischgemeinschaft symbolisch vollzieht und sinnlich erfährt, tut sie dies im Zeichen der von der Kanzel verlesenen Worte Christi aus Joh 6. Zwinglis Konzeption des Abendmahls ist, wie erwähnt, als direkter, scharfer Gegenentwurf zur zeitgenössischen Messopfertheologie und -frömmigkeit, darum bemüht, zu verhindern, dass sich eine «Gabe» mit dem Anspruch, Gottes Nähe zu vermitteln, schliesslich zwischen die einzig wirkliche und wirksame «Gabe», die Selbsthingabe Gottes in Christus am Kreuz dort und damals, und die versammelte Gemeinde schiebt. Luthers von 1523 an ausdrücklich betonte «Anbetung des Sakraments»[15] konnte auf dieser Linie kaum anders als eine Rückkehr zu den «Fleischtöpfen Ägyptens»[16] verstanden werden.

Entsprechend ist von der Seite des Menschen her gesehen das Abendmahl die Inszenierung der *contemplatio fidei*,[17] des allein geistgewirkten, aber als menschlicher Glaubensakt vollzogenen vertrauenden Blickens auf den inkarnierten und gekreuzigten, nun zur Rechten Gottes sitzenden Christus. Die von Christus verheissene «Ruhe» findet der Mensch in der *fiducia* in die in Christus unrevozierbar bestätigte Barmherzigkeit Gottes. Das Abendmahl ist gerade so «Zusicherung an die Schwachen»,[18] dass Christus für sie das Heil unumstösslich erworben hat, und damit verbunden die Aufforderung, dieser Einladung vertrauensvoll Folge zu leisten,[19] entsprechend der Einladung an die Bettler im Gleichnis vom Gastmahl (Lk 14,15–24).

Der Ruf an die Gemeinde, die Herzen zu Gott zu erheben, das *sursum corda* aus der traditionellen Abendmahlsliturgie, wird von Zwingli als Grundzug der gesamten Feier liturgisch hervorgehoben.

Dass dieses «Blicken» als *contemplatio fidei* ein «Andenken» ist, und also die Anrufung Christi im Gebet besser mit geschlossenen Augen

---

[15] Vom Anbeten des Sakraments des heiligen Leichnams Christi (1523), WA 11, 431–456.
[16] Vgl. etwa Z VI.2, 806, 14f.
[17] Vgl. etwa Z VI.2, 806,7.
[18] ZS II, 151 (= Z II, 127,22). Vgl. auch Z II, 137,16.
[19] Vgl. Z VI.3, 270,9–14 und zu Mt 11,28 : S 6a, 282.

als mit dem Blicken auf einen Symbolgegenstand wie ein Kreuz oder gar ein Bild[20] praktiziert wird, legt sich dabei nahe.

Der Lobpreis, den in Zwinglis Liturgie die Gemeinde in Gestalt von Ps 113 im Anschluss an die Austeilung spricht, preist, Zwinglis Christologie entsprechend, das Handeln des «hohen» Gottes in der «Tiefe» und an den «Geringen».[21] Dass Psalm 113 am Ende des jüdischen Passamahls rezitiert wurde, macht Zwinglis abendmahlstheologische und -liturgische Anknüpfung an die Passatradition deutlich. Die christliche Gemeinde folgt so dem «Beispiel Christi» selbst.[22]

Das Abendmahl als szenische Verdichtung des Lebens der Gemeinde Christi im Hören auf Gottes Wort

Auf diese Weise wird die Abendmahlsfeier zu einer szenischen Verdichtung des gesamten Lebens der Gemeinde Christi, die sich im Hören auf Gottes Wort als Leib Christi zu verstehen lernt. Die dort erfolgende Christusverkündigung dient der Glaubenserinnerung und Glaubensstärkung[23] und zugleich der Heiligung der Herzen wie des Lebenswandels des Einzelnen im Horizont der Heiligung der Gemeinde. Sie zielt so auf das Bekennen des Glaubens und die Danksagung der Gemeinde. In der Vorrede zu «*Aktion und Brauch des Nachtmahls*» formuliert Zwingli, das Abendmahl sei

---

[20] Auch die reformierte Ablehnung der Bilder zum gottesdienstlichen Gebrauch muss hier unerörtert bleiben; sie wäre durchaus analog zur hier gezeichneten Linie theologisch zu interpretieren. Vgl. Carlos M. N. Eire, War against the idols. The reformation of worship from Erasmus to Calvin, Cambridge 1989.

[21] «Der Name des Herrn sei gepriesen von nun an bis in Ewigkeit! […] Wer ist dem Herrn gleich, unserem Gott, der hoch droben thront, der tief hinunterschaut auf Himmel und Erde! Der aus dem Staub den Geringen aufrichtet, aus dem Kot den Armen erhebt […]» Ps 113,2.5–7 (Z IV, 22,23–24,4).

[22] «Nachdem unnd man gespyßt unnd getrenckt ist, sag man uß dem bispil Christi danck mit disem 112. Psalmen [Ps 113] […]» Z IV, 23,17–19; vgl. Mt 26,30 par.

[23] Zwingli selbst hat den stets von ihm vertretenen «Nutzen» des Abendmahls zur Glaubensstärkung in der Auseinandersetzung mit Luther gelegentlich in den Hintergrund rücken lassen, und damit wohl auch das Seine zu dem oft tradierten Zerrbild seiner Abendmahlslehre («leere Zeichen»)beigetragen, dem bereits Calvin erlegen ist.

«zum geistlichen Gedächtnis des Todes Christi, zur Stärkung des Glaubens und der brüderlichen Treue, zur Besserung des Lebens und Verhütung der Laster des menschlichen Herzens in nicht geringem Masse förderlich und hilfreich.» [24]

Einige Jahre später kann Zwingli in seiner Schrift gegen Eck diese mehrdimensionale Wirkung prägnant auf das Wirken des einen Geistes Christi zurückführen: Die Sakramente

«verkündigen das von Gott gegebene Heil, richten den [menschlichen] Sinn auf dieses hin aus und entfachen zugleich den Glauben, der auch dem Nächsten verheissen ist, und führen zur geschwisterlichen Nächstenliebe. Und dies alles bewirkt, wenn es geschieht, ein und derselbe Geist, der manchmal ohne irdische Hilfsmittel, manchmal mit irdischen Hilfsmitteln am Werk ist, wie und wo immer er will.» [25]

Um den Geist aber kann die Gemeinde nur bitten. Das Gebet im Anschluss an das gemeinsame Unservatergebet lautet in «*Aktion und Brauch des Nachtmahls*» entsprechend:

«Herr, allmächtiger Gott, der du uns durch deinen Geist in der Einheit des Glaubens zu deinem einen Leib vereinigt hast, dem du geboten hast, dir Lob und Dank zu sagen für diese Freigebigkeit und die Wohltat, dass du deinen einziggeborenen Sohn, unseren Herrn Jesus Christus, für unsere Sünden dem Tod übergeben hast, – gib, dass wir diesen deinen Befehl mit solchem Glauben erfüllen, dass wir dich, die unfehlbare Wahrheit, nicht durch irgend eine lügenhafte Heuchelei beleidigen oder erzürnen. Gib auch, dass wir so heilig leben, wie es sich für deinen Leib, deine Kinder und deine Familie ziemt, damit auch die Ungläubigen deinen Namen und deine Ehre kennenlernen. Bewahre uns, Herr, damit nicht dein Name und deine Ehre wegen der Schlechtigkeit unseres Lebens beleidigt werden. Immer beten wir, Herr, mehre unseren Glauben, das von allen Zweifeln freie Vertrauen auf dich, der du lebst und regierst, Gott in alle Ewigkeit.» [26]

---

[24] «zů geistlicher des tods Christi gedächtnuß, zů merung des gloubens und bruederlicher trüw, zů besserung des läbens und verhuetung der lastren des menschen hertz etlicher maß ze reitzen fürderlich und geschickt ...» Z IV, 14,12–15.

[25] Z VI.3, 271.

[26] ZS IV, 319 (= Z IV, 22,9–21).

Man könnte somit formulieren: Die in der Einsetzung des Abendmahls in konzentrierter Weise erzählte Passionsgeschichte Christi als
Versöhnungsgeschichte ist für Zwingli das christliche Kerygma, das
erzählt wird und das so zugleich Anrede ist, nämlich Einladung, sich
im vertrauenden Glauben an den gekreuzigten und zur Rechten Gottes erhöhten Christus zu halten und dies durch die Teilnahme am
«Tisch des Herrn» zu dokumentieren. Der Ritus des Abendmahls, in
den die Teilnehmenden einbezogen werden, verkündet ihnen gleichsam szenisch, dass Christi «Leib, d. h. Fleisch und Blut, für uns so
sicher das Leben sind, wie der Mensch sich durch natürliches Brot
oder Speise am Leben erhält».[27]

Durch Teilhabe am einen Glauben werden die einzelnen, immer
unvollkommen und angefochten Glaubenden in diese durch Christi
Geist Raum und Zeit übergreifende Christusgeschichte einbezogen,
einbezogen in die Gemeinde Christi, die vom Kreuz herkommt und
auf das eschatologische Mahl im Reich Gottes zuläuft. Durch die
Teilhabe an der Abendmahlsfeier wird dieser Glaube gestärkt und
bezeugt. Das Abendmahl ist so als Feier der bestehenden Gemeinde
verstanden, die damit dem Gebot und der Einladung Christi folgt
und sich dort – nicht zum ersten Mal und nicht ein für alle Mal, sondern einmal mehr – als durch Christi Tod versöhnte und zum Vertrauen und Dienst berufene Gemeinde Jesu Christi erfährt und in
diesem ihrem Seinsgrund gestärkt wird.

Ausblick auf «Raum und Macht»

Im Gefälle eines solchen Abendmahlsverständnisses liegt es, dass
nicht ein Raum oder Gebäude eine Feier zu einem christlichen Gottesdienst machen kann, sondern umgekehrt ist es die wahre, nach
Christi Wort und Willen gestaltete Feier der Gemeinde, die einen
Raum zu einem Gottesdienstraum macht. Entscheidende Elemente
dieses Raumes sind die erhöhte Kanzel und der im «Gefletz», auf der
Ebene der Gemeinde stehende Abendmahlstisch. Ein vom «Kirchenschiff» unterschiedener, einige Treppenstufen höher liegender
«Chor» gehört nicht dazu. Ein einziger, möglichst runder, und gleich-

---

[27] ZS II, 170 (= Z II, 143,8–10).

zeitig der Kanzel einen prominenten Platz ermöglichender Gottesdienstraum wäre wohl die angemessene architektonische Umsetzung
dieser Abendmahlskonzeption. Denn es ist der Tisch mit Brot und
Wein in der Mitte der versammelten Gemeinde, nicht einfach die Elemente Brot und Wein als solche, der Christi Einladung, und damit
Christi Gemeinschaftsverheissung, repräsentiert. Die gleichzeitig ge-
forderte Schlichtheit der Feier, die sich in der Schlichtheit der Abend-
mahlsgefässe und im Fehlen von Bildern und Kreuz ausdrückt, ist
keineswegs Zeichen einer Abwertung der Mahlfeier, sondern im
Gegenteil Ausdruck ihrer rechten Würdigung: Sie steht nach Zwinglis Verständnis im Dienst der Transparenz der Feier auf den, der
gefeiert wird, auf Christus selbst hin. Sie dient dazu, dass die feiernde
Gemeinde während des Mahls ihr Herz auf den gekreuzigten Erhöhten richten kann.

Ein reformierter Gottesdienstraum ist danach zu beurteilen, ob er
einer dergestalt verstandenen «*Aktion und Brauch des Nachtmahls*» förderlich ist oder ihr im Wege steht.[28] Zu grundsätzlichen Überlegungen zum Gottesdienstraum kam es in den Pionierjahren der Zürcher
Reformation noch kaum. Dies änderte sich in der Zeit der Etablierung und Konsolidierung der Reformation notwendigerweise, und
eine leichte Verschiebung der Akzente war dabei unvermeidlich. Die
Grundentscheidungen wurden allerdings beibehalten und blieben
auch weiterhin sichtbar. Gut fünfundzwanzig Jahre nach Zwinglis
Entwurf formuliert Heinrich Bullinger in seinen «Dekaden»:

«Ein Gotteshaus ist dann gross und herrlich genug, wenn es all die aufnehmen kann, welche zu dieser Ortskirche gehören. Für die Menschen
nämlich, nicht für Gott, wird der Raum geschaffen. Aber er soll rein
und heilig sein. Das Gotteshaus soll geheiligt oder geweiht werden,
nicht – wie manche abergläubisch meinen – durch das Aussprechen von
irgendwelchen Worten oder indem Zeichen aufgedrückt werden, nicht
mit Öl und Sühnefeuer, sondern nach dem Willen und dem Gebot
Gottes, der uns befiehlt, zusammenzukommen, und uns seine Gegenwart verheisst, wird es durch den heiligen Gebrauch geweiht. Denn im
Gotteshaus versammelt sich die heilige Kirche Gottes, im Gotteshaus

---

[28] Vgl. demgegenüber die teils entsprechenden (z. B. WA 6,239; 31 I,179; 31, I,
406), teils in eine andere Richtung weisenden (z. B. WA 7,795; 12,216) Äusserungen Luthers.

wird das heilige Wort Gottes verkündet, im Gotteshaus empfängt man die heiligen Sakramente Gottes und spricht gottgefällige Gebete aus. Der Ort an sich aber ist nicht heilig, doch insofern diese heiligen Verrichtungen an dem Ort geschehen, wird auch der Ort selbst heilig genannt. Dem heiligen Haus Gottes soll also jede Entehrung, soll das Gemeine und Schändliche fern sein. Das Rathaus wird von allen derart heiliggehalten, dass es als Majestätsbeleidigung angesehen wird, wenn einer es mit unanständigen Worten oder Handlungen beschmutzt. Doch darin versammeln sich nur die Ratsherren, um sich die Streitfälle anzuhören, bei denen es um vergängliche und hinfällige Dinge geht. Wie viel grössere Ehre schuldet man aber den Gotteshäusern, in denen die Kinder Gottes zum Gottesdienst zusammenkommen, um die Worte Gottes zu hören und seine Sakramente zu empfangen! In dem Masse also, wie wir in den Gotteshäusern den Aberglauben hassen, missbilligen wir auch ihre Entehrung, ja wir dulden sie ganz und gar nicht.»[29]

---

[29] Heinrich Bullinger Schriften, hg. von Emidio Campi; Detlef Roth; Peter Stotz, Zürich 2004f., Bd. 5, 548.

Der Raum der von Gott Befreiten.
Zur Theologie des Kirchenraums

Matthias Zeindler

1.   Streit um die Macht im Kirchenraum

*These 1: Der Kirchenraum symbolisiert in besonderem Masse Macht. Wessen
Macht symbolisiert wird, ist oft nicht eindeutig. Häufig ist es ein* Streit *um die
Macht.*

Macht und Raum: Der Berliner Dom führt einem den Zusammenhang höchst eindrücklich vor Augen. In diesem protestantischen
Prachtsbau an der Wende vom 19. zum 20. Jahrhundert liegen die
Kanzel und die Kaiserempore einander genau gegenüber. Pikant ist
dabei, dass die Kaiserloge ein Stück höher liegt als die Kanzel. Das
verkündigte Wort des höchsten Gottes ergeht an den allerhöchsten
Herrscher also immer von unten. Diese räumliche Disposition ist
vielsagend. Die Theologie mag behaupten: Vor Gott sind alle gleich,
auch der weltliche Herrscher ist seinem Wort unterstellt. Der Raum
dagegen sagt: Der Herrscher sitzt höher als der Verkündiger steht, er
blickt auf ihn hinunter – kann man da wirklich noch davon sprechen,
dass er dem verkündigten Wort *unter*stellt ist?
      Das Arrangement des Raumes stellt offenkundig die Machtfrage.
Wer hat in dieser Kirche die Macht? Der Kaiser oder Gott oder
beide? Und wenn beide, ist einer dem andern übergeordnet, oder
stehen beide auf derselben Ebene? Sicher kann man festhalten, dass
der Berliner Dom kein Bau ausschliesslich zur Ehre Gottes, *Soli Deo
Gloria* ist. In mindestens demselben Masse steht er zum Zweck der
Repräsentation weltlicher Macht. Nach der Gründung des Deutschen Reiches war das Bedürfnis entstanden, in der Hauptstadt ein
repräsentatives Gotteshaus zu bauen, das mit vergleichbaren Kirchen
anderer Hauptstädte konkurrieren konnte – St. Paul's Cathedral in
London oder Notre Dame in Paris beispielsweise. Religionskritisch
kann man demnach anmerken: Die weltliche Macht nimmt zu ihrer
Selbstdarstellung die kirchliche und damit die göttliche Macht in
Anspruch. Die göttliche Macht erscheint danach nicht bloss als do-

mestizierte Macht, sondern als eigentliche Dienerin der weltlichen Macht. Sie dient dazu, diese mythisch zu überhöhen und ihr eine transzendente Legitimation zu verleihen.

Man tut allerdings gut daran, die Dinge noch etwas komplexer zu denken. Wenn man den Innenraum des Berliner Doms zu lesen versucht, dann muss man immerhin einräumen, der Kaiser ist erstens in diesem Raum präsent, und er ist es zweitens direkt der Kanzel gegenüber. Das bedeutet: Auch der Kaiser begibt sich in den Raum der Verkündigung des Gotteswortes, ja, er lässt sich von diesem Gotteswort direkt ansprechen, und dies als sein erster Adressat. Seine Macht wird im Rahmen des Gottesdienstes mit einer andern Macht konfrontiert. Natürlich gilt nach wie vor das andere, das wir bereits festgestellt haben: Der Kaiser lässt sich an einem Ort mit diesem Wort konfrontieren, wo er es von unten, symbolisch gesehen also in einer überlegenen Position zu hören bekommt. Die Macht-verhältnisse sind in diesem Kirchenraum somit *ambivalent*. Ambivalenz der Macht, das gilt für viele Kirchenräume, wenn auch oft diskreter: In zahlreichen Schweizer Kirchen finden sich Kantonswappen, auch dies Repräsentationen weltlicher Macht. Und in vielen amerikanischen Kirchen steht vorn im Raum eine Fahne – «Stars and Stripes» in Konkurrenz mit dem Kreuz. Im Kirchenraum findet also ein symbolischer *Streit um die Macht* statt.

Und ich möchte nun behaupten, dass der symbolische Streit um die Macht ein Grundzug des Kirchenraums ist. Das lässt sich auch an mittelalterlichen Kirchen zeigen, in denen sich zwar längst nicht immer Embleme weltlicher Macht finden – wenigstens heute nicht mehr. Die hohen, weiten romanischen und gothischen Kirchen – um nur dieses Beispiel zu wählen – waren stets grandiose Erlebnisse göttlicher Macht. (Etwas, was uns modernen Menschen, gewohnt an voluminöse Bauten, oft nicht mehr klar ist. Das Raumerlebnis von mittelalterlichen Menschen in Kirchen muss das eines Schocks gewesen sein.) Aber natürlich waren diese Kirchen selten nur Darstellungen himmlischer Macht, sondern auch Ausdruck weltlichen Reichtums und weltlicher Autorität. Selbstverständlich gehörten im Mittelalter beide noch näher zueinander, war die Macht des Königs von Gott verliehene Macht, die irdische Hierarchie von Gott gesetzt. Ja die Kirche selbst war in hohem Masse auch politische und weltliche Macht. Trotzdem – oder gerade deswegen – muss man davon ausgehen, dass auch in diesen Räumen sich ein Streit zwischen Mächten entfaltet.

Das muss vor allem deshalb angenommen werden, weil theologisch gesehen sich menschliche Existenz grundsätzlich in der Spannung zwischen göttlicher und weltlicher Macht vollzieht. Dabei denke ich nicht an das Verhältnis von Kirche und Staat. Gemeint ist das, was mit dem ersten Gebot angesprochen wird: «Du sollst keine anderen Götter haben neben mir» (Ex. 20,3). Dieses Gebot wird dem Menschen als erstes Gebot gegeben, weil es eben die Tendenz des Menschen ist, neben Gott immer andere Götter zu haben. Und wenn Jesus in der Bergpredigt einschärft, dass niemand zwei Herren dienen könne, dann unterstellt er dabei, dass wir Menschen gerade dies unablässig versuchen. Der Mensch ist theologisch gesprochen das Wesen vielfältiger Loyalitäten: Allzu gern würde er seinem Gott an den Fleischtöpfen Ägyptens statt in der Wüste opfern und dabei nicht nur ihm, sondern gleichzeitig dem Mammon die Reverenz erweisen. Wenn sich im Kirchenraum ein symbolischer Streit zwischen Mächten vollzieht, dann wiederholt sich damit auf symbolischer Ebene, was menschliche Existenz stets ist: ein Streit zwischen Mächten.

2. Der Raum von Gottes befreiender Macht

These 2: Theologisch gilt, dass die Macht allein Gott gehört. Er übt diese Macht aus, indem er Menschen freispricht und zum Leben in seiner Freiheit befähigt. Der von Gott begründete Raum ist deshalb der Raum seiner befreienden Macht.

Wie kommt der Mensch aus dem Streit der Mächte heraus? Laut der Bibel kommt er daraus heraus, wenn Gott diesen Streit zu seinen, Gottes, Gunsten entscheidet. Denn wo Gott zu seinem Recht kommt, dort kommt auch der Mensch zu seinem Recht. Zum ersten Gebot gehört bekanntlich die sogenannte Präambel, welche die Zielrichtung des gesamten Dekalogs umreisst: «Ich bin der Herr, dein Gott, der dich herausgeführt hat aus dem Land Ägypten, aus einem Sklavenhaus» (Ex. 20,2). Wenn Gott den Menschen anspricht, dann mit der Absicht, ihn aus der Sklaverei zu befreien und ihn in dieser Freiheit zu erhalten. Gottes Macht bedeutet konkret immer solche Macht, die Macht der Befreiung aus der Sklaverei. Das gilt übrigens bereits für die Schöpfung, den ursprünglichen Machtakt Gottes. Auch die Schöpfung ist im Alten Testament mehr als ein friedliches

Bauen eines Kosmos, es ist seinerseits ein befreiender Machtakt, in welchem Gott den destruktiven Chaosmächten den guten Lebensraum des Geschaffenen entreisst.[1] Und wiederum ist das Evangelium von Jesus Christus befreiendes Wirken von Gottes Macht, die Befreiung aus der Sklaverei von Sünde und Tod.

Macht Gottes ist immer befreiende Macht. Dem entspricht das Medium, durch welches er diese Macht ausübt, das Wort. Sprache kann man begreifen als das Medium der Freiheit, als jenes Kommunikationsmittel, durch welches der oder die andere nicht überwältigt, sondern zum Einstimmen und Mitwirken gewonnen wird. Gerhard Ebeling dazu in seiner theologischen Sprachlehre: «Sprachliche Äusserung ist darauf angelegt, den Hörer auf Verstehen hin in Aktion zu setzen. Sie mutet ihm produktives Mitdenken zu.»[2] Natürlich kann Sprache auch Mittel der Gewalt sein, und in den Händen von Menschen ist sie dies mehr als genug. Aber Gottes Wort übt nicht Gewalt über den Menschen, es ist das Kommunikationsmittel, das seiner freisetzenden Absicht korrespondiert. Gott übt seine Macht konkret so aus, dass er Menschen durch sein Wort freispricht.

Von hier aus sind wir in der Lage, den Begriff des Raumes theologisch zu bestimmen. Raum ist dabei nicht denkbar, ohne auch Gottes Macht mitzudenken. Denn theologisch kommt eine Konzeption eines abstrakten oder gar absoluten, eines von Gott unabhängigen leeren Raums nicht in Frage.[3] Raum ist immer Raum der Schöpfung, Raum vor Gott, Raum des Wirkens Gottes in seiner Schöpfung. Und weil Gottes Wirken stets das Wirken seiner Macht zur Freiheit ist, ist Raum theologisch gesehen stets der von Gott eröffnete Raum der Freiheit für seine Geschöpfe. Das lässt sich wiederum zuerst an der Schöpfung ablesen. Wenn die Schöpfung der von Gott dem

---

[1] Karl Löning/Erich Zenger, Als Anfang schuf Gott. Biblische Schöpfungstheologien, Düsseldorf 1997, 17–65.

[2] Einführung in die theologische Sprachlehre, Tübingen 1971, 211.

[3] So auch Jürgen Moltmann in seiner Schöpfungslehre: «Weder Zeit noch Raum sind homogen. Beide sind individuell und werden von dem geschaffen und bestimmt, was ‹in› ihnen geschieht. Ohne das Geschehen sind sie nicht. Es gibt weder eine leere Zeit ohne Ereignisse, noch einen leeren Raum ohne Gegenstände» (Gott in der Schöpfung. Ökologische Schöpfungslehre, München 1985, 155). Zur theologischen Problematik des absoluten Raums bei Newton vgl. Michael J. Buckley, S.J., At the Origins of Modern Atheism, New Haven/London 1987, 110–118.

Chaos entrissene Bereich zum Leben ist, dann ist Raum konkret der Ort, wo dieses Leben der Geschöpfe statthaben kann. Die Schöpfung bleibt dieser Ort auch unter den Bedingungen des menschlichen Abfalls in die Sünde. Zwar wird der Raum der Schöpfung dadurch immer wieder zum Raum der Unfreiheit, zum Raum, in welchem die Geschöpfe sich ihrer Freiheit berauben. Der Raum, den Gott seinen Geschöpfen zur Freiheit bereitet, ist nun jener Raum, in welchen hinein er seinen Sohn Jesus Christus schickt, in welchem dieser stirbt und aufersteht. Und es ist nach der Himmelfahrt Christi und der Aussendung des Geistes derjenige Raum, in welchem Menschen vom Evangelium von Jesus Christus angesprochen und durch den Heiligen Geist in die christliche Freiheit versetzt werden. Der Raum, den Gottes Macht schafft, ist jetzt in erster Linie der Raum der christlichen Gemeinde, in welcher das Evangelium verkündet und die Sakramente gefeiert werden.

Wir halten als Ergebnis einer theologischen Konzeption des Raumes fest: Raum wird konstituiert durch Gottes freiheitsschaffendes Wort. Dieser Raum entsteht dort, wo das Evangelium verkündet und gehört wird. Damit sind wir noch nicht bei einer Theorie des Kirchenraumes. Im Gegenteil, diese Bestimmung des Raumes kommt vorerst einmal ohne Kirchenraum aus. Bedingung des so bestimmten Raumes der Macht von Gottes Wort ist vielmehr allein das Ergehen dieses Wortes, die Verkündigung des Evangeliums. Und wir wissen, dass diese Minimalbedingung immer wieder gereicht hat – denken wir nur an die Hugenotten zur Zeit des «désert», als durch mobile Kanzeln in den Hügeln der Cevennen je und je ein Gottesdienstort entstehen konnte. Zum Gottesdienstort wurden diese Höhlen und Bergwiesen nicht, weil durch das Möbel Kanzel so etwas wie ein rudimentärer Kirchenraum vergegenwärtigt worden wäre. Sondern weil dieses Möbel das Ergehen des Wortes Gottes markierte. Und damit den Ort, wo durch Gottes Macht der Raum seiner Freiheit entsteht.

3. Der Kirchenraum als Raum der Erwartung von Gottes Macht

These 3: Der von Menschen gestaltete Kirchenraum soll dem Ergehen des Wortes Gottes dienen. Wo der Kirchenraum dies tut, wird er zum Raum der Erwartung von Gottes befreiender Macht.

Jeder Raum ist auch vom Menschen gestalteter Raum. Das gilt bereits für den natürlichen Raum, erst recht aber für den gebauten, und damit selbstverständlich für auch für den Raum der Kirche. Für den evangelischen Kirchenraum war nun theologisch stets klar, dass er qualitativ von anderen Räumen nicht unterschieden ist. Insbesondere eignet dem Kirchenraum keine wie immer definierte Heiligkeit. Jede Definition eines heiligen Raumes müsste ja darauf hinauslaufen, Gottes Präsenz in irgendeiner Weise zu fixieren. Wo der Raum theologisch verstanden wird als Ort des Ergehens des Gotteswortes «wo und wann Gott will»[4], ist jeder Vorstellung dieser Art der Riegel geschoben.

Nach unserer theologischen Definition des Raumes kommt für die Bestimmung des Kirchenraumes nur *eine* Umschreibung in Frage: Der Raum der Kirche ist der Raum, wo Gottes Wort laut werden und damit der Raum der von ihm gewährten Freiheit entstehen kann. Dabei gilt: Das Ergehen des Gotteswortes kann durch kein menschliches Werk in Gang gesetzt werden, dies ist allein Gottes Willen überlassen. Es kann also auch durch keinen Kirchenbau in Gang gesetzt werden. Der Kirchenbau kann dem Ergehen des Gotteswortes vielmehr nur *dienen*. Und man muss diese Aufgabe zunächst einmal negativ fassen: Der Kirchenbau soll das Ergehen des Gotteswortes möglichst nicht behindern. Dieses Bestreben steht uns in den klassischen reformierten Kirchen deutlich vor Augen. Es sind Kirchen, die durch die Überzeugung gestaltet sind, dass jeder optische und akustische Sinnenreiz die Konzentration auf das Wort der Verkündigung stört und deshalb aus dem Gottesdienstraum fernzuhalten ist.[5] Man wird allerdings diesen Kirchen nicht gerecht, wenn man sie als sinnenfeindlich und intellektualistisch abwertet. In der

---

[4] «... ubi et quando visum est Deo», Confessio Augustana 5.
[5] Vgl. Herman J. Selderhuis (Hg.), Calvin Handbuch, Tübingen 2008, 402f.

sinnlichen Kargheit der reformierten Gottesdiensträume spiegelt sich vor allem ein grossartiges Vertrauen in ein Gotteswort, an dem wir genug haben, das uns allen Trost, allen Reichtum und alle Freude schenkt, derer wir bedürfen. Es geht mir hier nicht darum, konfessionalistisch einen bestimmten Typus des Kirchenbaus ins Licht zu rücken. Ich bringe den reformierten Kirchenbau hier lediglich als eine mögliche Verwirklichung eines Gottesdienstraums, der sich am Gedanken des dem Wort dienenden Raums orientiert. Ich gehe davon aus, dass es dafür auch andere Formen der Verwirklichung gibt.

Der reformierte Bautypus des Kirchenraums zeigt übrigens, dass der Gedanke des dem Wort Gottes dienenden Raums nicht allein zu negativen Bauvorgaben führt. In der Reformation wurden in der Regel mittelalterliche Kirchen bloss leergeräumt. Im konfessionellen Zeitalter ging es dann darum, Kirchen gemäss reformatorischen Gedanken neu zu bauen. Leitgedanke war – wie konnte es anders sein – die Zentrierung auf das Wort. Der wichtigste, den ganzen Bau bestimmende Ort wurde die Kanzel, und die weitere Gestaltung wurde weitgehend pragmatisch auf die optimale Hörbarkeit der Verkündigung hin realisiert. Bevorzugte Raumformen waren deshalb akustisch günstige Formen wie das Oktagon, das Oval oder das Rechteck, oft mit der Kanzel an einer Längsseite.[6]

Wir haben festgehalten, dass gemäss evangelischem Verständnis Kirchenräume keine heiligen Räume in dem Sinne sein können, dass in ihnen die Anwesenheit Gottes vorzufinden wäre. Diese Räume sind im Gegenteil als Räume des Hörens Räume der Abwesenheit Gottes – des abwesenden Gottes, der erst durch sein Wort gegenwärtig *wird*. Damit sind sie aber doch in ihrer Weise wieder Räume von Gottes Gegenwart – nämlich Räume der *Erwartung* seiner Gegenwart. Es sind Räume, die in der Hoffnung und auf die Verheissung hin gestaltet worden sind, dass der Gott, der immer wieder zu seinem Volk gesprochen hat, auch in Zukunft wieder zur versammelten Gemeinde sprechen wird. Und damit diesen bescheidenen Kirchenraum wieder zum Raum der von ihm geschenkten Freiheit

---

6 Vgl. Bernard Reymond, L'architecture religieuse des protestants. Histoire – Caractéristiques – Problèmes actuels, Genève 1996, 142–171; Franz-Heinrich Beyer, Geheiligte Räume. Theologie, Geschichte und Symbolik des Kirchengebäudes, Darmstadt 2008, 108–117.

machen wird. Das bedeutet, dass evangelische Kirchenräume nicht einmal als dauerhaft geheiligte Räume bezeichnet werden können. Vielmehr sind sie als Räume der Erwartung immer *zu heiligende* Räume: Räume, in denen Menschen darauf warten, dass Gott sie, indem er in ihnen sein Wort spricht, als Räume seiner Freiheit würdigt.

4. Der Kirchenraum als Raum der wartenden Gemeinde

These 4: Der Kirchenraum ist auch der Ort, wo die Gemeinde sich versammelt, um auf Gottes Wort zu warten und sich durch dieses Wort neu gründen zu lassen. Die Gestaltung des Raumes der Kirche soll die Gemeinde in ihrem Warten und Hören unterstützen.

Der Raum der Kirche, haben wir festgehalten, ist der Raum, wo das Wirken von Gottes Macht durch sein Wort erwartet wird. Dieser Raum umfasst also zwei Pole, den redenden Gott und die hörende Gemeinde – die auf Gottes Reden hin dann ihrerseits wieder zur redenden Gemeinde wird: im Lied, im Bekenntnis, im Gebet. Primär wird der Raum der Kirche konstituiert durch den redenden Gott, auf das Ergehen seines Wortes hin soll er deshalb gestaltet werden. Sekundär muss der Raum der Kirche aber auch auf die hörende Gemeinde hin gestaltet werden. Denn zum Raum von Gottes befreiender Macht wird er ja nur, wo Gottes Wort nicht bloss ergeht, sondern wo es auch gehört und angeeignet wird.

Dabei muss man auch hier vorausschicken, dass wie das Ergehen von Gottes Wort, so auch das Hören und Aneignen dieses Wortes nicht vom Menschen ins Werk gesetzt werden kann. Das Wort Gottes schafft auch sein Hören, oder anders gesagt: Gottes Wort wird gehört und aufgenommen, wo der Heilige Geist unser Herz dafür öffnet.[7] Wenn wir von räumlicher Gestaltung im Blick auf die hörende Gemeinde sprechen, dann kann auch dies wieder lediglich im

---

[7] In diesen Zusammenhang gehört Calvins Lehre vom *testimonium Spiritus Sancti internum*. «Denn wie Gott selbst in seinem Wort der einzige vollgültige Zeuge von sich selber ist, so wird auch dies Wort nicht eher im Menschenherzen Glauben finden, als bis es vom inneren Zeugnis des Heiligen Geistes versiegelt worden ist» (Institutio I,7,4).

Sinne eines Dienens gemeint sein, als Unterstützung des menschlichen Hörens. Die Mittel des reformierten Kirchenbaus zur Förderung der Verkündigung – gute Akustik, sinnliche Kargheit – können auch als Unterstützung des menschlichen Hörens interpretiert werden. Heute stehen wir allerdings an einem Ort, wo uns diese Mittel allein nicht mehr reichen. (Auch wenn manches – wie die reformierte Bildlosigkeit – in einer Zeit der sinnlichen Reizüberflutung durchaus wieder neu zu entdecken wäre.)[8]

Darüber, wie unsere Konzentration auf das Wort am besten zu unterstützen wäre, muss immer wieder neu nachgedacht werden. Das ist natürlich nie nur eine Frage der funktionalen Gestaltung. Auch die Symbolik und die Ästhetik eines Raumes tragen dazu bei, wie wir in ihm zu feiern vermögen.[9] Ein Raum ist durch seine Ausmasse, seine Lichtverhältnisse, durch seine Proportionen und Symmetrien, aber auch durch die Gestaltung seiner Ausstattung ein komplexes Ganzes, das uns in seiner Ganzheit in bestimmter Weise anspricht. Christian Möller hat in diesem Zusammenhang sogar von einer «Predigt der Steine» gesprochen.[10]

5. Der Kirchenraum als Raum der sich versammelnden Gemeinde

These 5: Wo Gott Menschen befreit, befreit er sie konkret zur Freiheit in der Gemeinschaft. Der Kirchenraum ist deshalb immer auch als Raum der Gemeinde zu gestalten.

Ein letzter Punkt: Theologisch gesehen wird Freiheit dort wirklich, wo Menschen vor Gott in Gemeinschaft zusammenleben. Wo Gott Freiheit schafft, vollzieht sich dies deshalb stets so, dass er menschliche Grenzen und Ausgrenzungen überwindet und uns zu erneuerter

---

8 Matthias Krieg u. a. (Hg.), Das unsichtbare Bild. Die Ästhetik des Bilderverbots, Zürich 2005.

9 Zur Unterscheidung von funktionaler, symbolischer und ästhetischer Ebene des Kirchenbaus Matthias Zeindler, Gott und das Schöne. Studien zur Theologie der Schönheit, Göttingen 1993, 406–410.

10 In: Jürgen Seim/Lothar Steiger (Hg.), Lobet Gott. Beiträge zur theologischen Ästhetik. FS Rudolf Bohren zum 70. Geburtstag, München 1990, 171–178.

Gemeinschaft zusammenführt. Die christliche Gemeinde ist der primäre Ort solch erneuerter Gemeinschaft.[11] Der Kirchenraum wird dadurch auch bestimmt als der Raum, in welchem die Gemeinde vor Gott zusammenkommt, um sich von ihm zur Gemeinschaft gestalten zu lassen und diese Gemeinschaft vor ihm zu feiern.

Nun sind aber auch Kirchenräume Räume, welche gesellschaftliche Inklusionen und Exklusionen produzieren und reproduzieren. Die Soziologin Martina Löw hält fest, «dass die Konstitution von Raum Verteilungen zwischen Gesellschaften und innerhalb einer Gesellschaft hervorbringen».[12]

Dazu eine Anekdote des Berner Originals Madame (Louise Elisabeth) de Meuron (1882–1980). Eines Sonntagmorgens sitzt auf ihrem Stammplatz in der Kirche Amsoldingen ein Bauer. Auf ihre Aufforderung hin, er möge den Platz verlassen, antwortet dieser, vor Gott seien doch alle gleich. Darauf Madame de Meuron: Im Himmel seien wohl alle gleich, aber hier auf Erden wolle man einstweilen noch Ordnung halten.[13]

Es ist bekannt, dass soziale Ordnungen – Männer und Frauen, Erwachsene und Kinder, Obrigkeit und Untertanen, Besitzende und Sklaven – sich jeweils in den Anordnungen im Gottesdienstraum abgebildet haben. In dem Masse, in dem sich in solchen Ordnungen Ungerechtigkeit und Ausbeutung verfestigen, bleibt die Kirche hinter ihrer Verheissung und ihrem Auftrag zurück, als erneuerte menschliche Gemeinschaft vor Gott zu leben. Und in dem Masse, in dem sich die Ordnungen im Kirchenraum wiederholen, bleibt die christliche Gemeinde hinter ihrer Verheissung und ihrem Auftrag zurück, diesen Raum als Verwirklichung der durch Gottes Wort begründeten, sozial verwirklichten Freiheit zu gestalten.

Gefeiert wird die Begründung und Erneuerung der christlichen Gemeinde insbesondere im *Abendmahl*. Beim Abendmahl kommt die christliche Gemeinde im Vertrauen zusammen, dass die gemeinsame

---

11 Vgl. Matthias Zeindler, Gotteserfahrung in der christlichen Gemeinde. Eine systematisch-theologische Untersuchung, Stuttgart 2001, 185–215.
12 Raumsoziologie, Frankfurt a. M. 2001, 217.
13 Nach Susy Langhans-Maync, Madame de …, Ostermundigen-Bern 1971, 16.

Teilnahme an der Gnade Gottes im gemeinsamen Genuss von Brot und Wein unter den Versammelten eine neue Gemeinschaft stiftet.

> «Der Kelch des Segens, über den wir den Lobpreis sprechen, ist er nicht Teilhabe am Blut Christi? Das Brot, das wir brechen, ist es nicht Teilhabe am Leib Christi? Weil es *ein* Brot ist, sind wir, die vielen, ein Leib. Denn wir haben alle teil an dem einen Brot» (1. Kor. 10,16f.).

Daraus ergibt sich die Forderung, dass der evangelische Kirchenraum nicht allein als Raum des Hörens, sondern ebenso als Raum der gemeinschaftlichen Feier des Abendmahls zu gestalten ist. Auch historisch lässt sich übrigens zeigen, dass die beiden Brennpunkte von Verkündigung und Abendmahl – und die Frage ihrer richtigen Zuordnung – die evangelische Kirchenbaudiskussion seit ihren Anfängen weitgehend bestimmt haben.[14]

Ein weiterer Aspekt ist zu beachten, wenn von Inklusivität und Exklusivität des evangelischen Kirchenraums die Rede ist. Heute besuchen längst nicht mehr nur Angehörige der Gottesdienstgemeinde kirchliche Räume, vielmehr ist es so, «dass sehr viel mehr Menschen den Kirchenraum aufsuchen, um die Atmosphäre dort auf sich wirken zu lassen, als um dort gemeinsam Gottesdienst zu feiern».[15] Dies ist besonders der Fall bei architektur- und kunstgeschichtlich wertvollen Bauten sowie bei Kirchen im innenstädtischen Bereich. Vielen Besuchern ist heute freilich die bauliche und künstlerische Sprache von kirchlichen Räumen kaum mehr geläufig, und entsprechend können diese Räume auf sie befremdend bis ausgrenzend wirken. Die hohe symbolische Dichte und die religiöse Atmosphäre von Kirchenräumen wirken in diesen Fällen nicht nur einladend, für kirchenferne Menschen können sie auch eine hohe Eintrittsschwelle darstellen. Hier kann sich das kirchliche Bemühen um inklusive Räume freilich kaum übersetzen in eine symbolische Entleerung, die gleichbedeutend wäre mit einem Verlust an sichtbarer Identität.[16] Die Lösung wird eher darin bestehen, mit kirchenpädagogischen

---

[14] Hanns Christof Brenneke, Auf der Suche nach einer sichtbaren Identität. Protestantischer Kirchenbau zwischen Sakralität und Profanität, in: ZThK 107 (2010), 31–63.

[15] Elisabeth Jooß, Theologie, in: Stephan Günzel (Hg.), Raumwissenschaften, Frankfurt a. M. 2009, 386–399, 387.

[16] Vgl. zu diesem Problemkreis die Beiträge in: Kunst und Kirche, Heft 2/2010.

Mitteln den Zugang zu diesen Räumen und zur dazugehörigen religiösen Praxis offenzuhalten.

Damit sind die Eckpunkte einer evangelischen Theologie des Kirchenraums benannt. Auch als in diesem Sinne gestalteter Raum hört er freilich nicht auf, Raum des Streits um die Macht zu sein. Aber als Raum, in dem die christliche Gemeinde das befreiende Gotteswort erwartet, ist er Ausdruck der Hoffnung, dass Gott nicht aufhört, diesen Streit fort und fort zu seinen und damit zu unseren Gunsten zu entscheiden.

Raumtheoretische Erwägungen zum Kirchenraum

Matthias D. Wüthrich

«In der Raumfrage kulminieren zentrale Aporien und Spannungen des Protestantismus, so sein Verhältnis zu Leiblichkeit und Sinnlichkeit, so das spannungsreiche Verhältnis von Soteriologie und Schöpfungslehre und das Problem des kosmologischen Reflexionsdefizites.»[1] Wolf-Eckart Failings programmatisches Votum schliesst ihm zufolge auch das Verständnis des Kirchenraumes ein, denn gerade hier liegen «Schwierigkeiten der Protestanten, mit Räumen umzugehen»[2]. – Worin bestehen diese Schwierigkeiten und wie lassen sie sich auf theoretischer Ebene wenigstens ansatzweise bewältigen?

Ich versuche im Folgenden, die Schwierigkeiten zu skizzieren, die sich im Blick auf die Deutung des Kirchenraumes auftun (1). Daraus ergibt sich die Notwendigkeit, Raum selbst zum Gegenstand theoretischer Reflexion zu machen (2 und 3) und einen Raumbegriff zu entwickeln (4), der wenigstens ansatzweise in der Lage ist, die genannten Schwierigkeiten zu überwinden (5).

Die Frage nach dem Verhältnis von Macht und Raum wird dabei nur am Rande thematisiert. Die folgenden Ausführungen sind freilich von der Vermutung getragen, dass zwar jeder Raumbegriff die Phänomene, auf die er angewandt wird, machtförmig figuriert, dass aber gewisse Raumbegriffe geneigter und anfälliger sind, asymmetrische Machtstrukturen hervorzubringen als andere (vgl. dazu 3). Das macht eine raumtheoretische Reflexion umso dringlicher!

---

[1] Wolf-Eckart Failing, Die eingeräumte Welt und die Transzendenzen Gottes, in: ders./Hans Günther Heimbrock, Gelebte Religion wahrnehmen. Lebenswelt – Alltagskultur – Religionspraxis, Stuttgart/Berlin/Köln 1998, 91–122, 121 (Hervorhebungen gelöscht, MW).

[2] A.a.O., 92 (Failing zitiert hier einen Aufsatztitel von P. Beier).

1. Die protestantischen Schwierigkeiten bei der Deutung des Kirchenraumes

Worin die protestantischen Schwierigkeiten bestehen, lässt sich gut anhand der Äusserungen von Horst Schwebel aufzeigen. Er schreibt: «Dem immer wieder geäußerten Wunsch nach einer Theologie des Kirchenraums muß neutestamentlich und reformatorisch entgegengehalten werden, daß es eine solche Theologie nicht gibt und auch nicht geben kann, weil das kirchliche Gebäude, weil der Kirchenraum kein medium salutis ist. Für das Heil des Menschen, für die Gottesbeziehung ist die Gestalt des Kirchenbaus irrelevant.»[3] Schwebels Kritik an einer theologischen Aufladung des Kirchenraumes geht die Bestreitung von dinglicher «Sakralität» oder «Heiligkeit» einher. Er steht damit Martin Luthers Meinung nahe, die er folgendermassen wiedergibt: «Als Gebäude ist ein Kirchengebäude ein Gebäude wie jedes andere auch, ohne daß es eine besondere Heiligkeit oder Sakralität hätte. Seinen Wert erhält das Kirchengebäude einzig über das, was hier geschieht.»[4] Für Schwebel ist das Kirchengebäude ein Zweckgebäude, es dient der Versammlung der Glaubenden, der Predigt und der Feier der Sakramente, es ist also rein funktional dem Gottesdienst zugeordnet.

Natürlich gibt es in der neueren Diskussion um die theologische Deutung des Kirchengebäudes sehr unterschiedliche Zugänge, auch Zugänge die der Position Schwebels deutlich entgegenstehen.[5] Dennoch darf man sagen, dass Schwebel hier einer in der protestanti-

---

[3] Horst Schwebel, Die Kirche und ihr Raum. Aspekte der Wahrnehmung, in: Sigrid Glockzin-Bever/ders. (Hg.), Kirchen – Raum – Pädagogik (Ästhetik – Theologie – Liturgie 12), Münster/Hamburg/London 2002, 9–30, 15.

[4] A.a.O., 14f.

[5] Vgl. die Überblicke in: Tobias Woydack, Der räumliche Gott. Was sind Kirchengebäude theologisch? (Kirche in der Stadt 13), 2. Aufl., Hamburg-Schenefeld 2009, 146–169; Klaus Raschzok, ... geöffnet, für alle übrigens (Heinrich Böll). Evangelische Kirchenbauten im Spannungsfeld von Religion und Gesellschaft, in: Hanns Kerner (Hg.), Lebensraum Kirchenraum. Das Heilige und das Profane, Leibzig 2008, 17–36, 24–27; Stephan Schaede, Heilige Handlungsräume? Eine theologisch-raumtheoretische Betrachtung zur performativen Kraft von Kirchenräumen, in: Ingrid Baumgärtner u. a. (Hg.), Raumkonzepte. Disziplinäre Zugänge, Göttingen 2009, 51–69, 57–69.

schen Theoriebildung weit verbreiteten Deutung des Kirchenraumes Ausdruck verleiht. Sie steht in der Linie verschiedener alttestamentlicher[6] und neutestamentlicher[7] tempelkritischer Traditionen. Als Gewährsmann dieser Position wird oft auf Martin Luther rekurriert[8], wenngleich seine radikalen Aussagen zum Abriss von ungenutzten Kirchengebäuden nicht geteilt werden.[9] Auch auf reformierter Seite wurde ein gleichgelagertes Kirchenraumverständnis vertreten. Selbst wenn das Zweite Helvetische Bekenntnis die Kirchengebäude als «heilige Orte»[10] bezeichnet, ist deutlich, dass damit keine Substanzqualität des Raumes gemeint ist, sondern solche Orte heilig sind, weil sie durch den Gottesdienstvollzug geheiligt werden.[11]

---

[6] Z. B. Jes 66,1.

[7] Das Neue Testament wendet – in einer gewissen Entsprechung zum ambivalenten Verhältnis Jesu zum jüdischen Tempel – den Begriff des Tempels Gottes kritisch auf die einzelnen Glaubenden bzw. die Gemeinde an (1Kor 3,16f.; 2 Kor 6,16; vgl. zudem z. B. die kritischen Aussagen in Joh 4,20–24; Apk 21,22; Apg 7,44–50 und im Blick auf die hellenistische Umwelt Apg 17,24). Sehr vereinfacht kann man sagen, dass in Kontinuität mit dem alttestamentlichen Gedanken der Einwohnung Gottes im Tempel (Schechina) nun an die Stelle des Tempels als Ort der Einwohnung Gottes der Glaube an Jesus Christus als «Ort» Gottes tritt.

[8] Horst Schwebel, Kirche (Anm. 3), 13–15. Eine andere Lutherinterpretation vertritt Klaus Raschzok, «… an keine Stätte noch Zeit aus Not gebunden» (Martin Luther). Zur Frage des heiligen Raumes nach lutherischem Verständnis, in: Sigrid Glockzin-Bever/Horst Schwebel (Hg.), Kirchen – Raum – Pädagogik (Ästhetik – Theologie – Liturgie 12), Münster/Hamburg/London 2002, 99–113.

[9] «Denn keyn ander ursach ist kirchenn zu bawen, ßo yhe eyn ursach ist, denn nur, das die Christen mugen tzusammenkommen, bitten, predigt horen und sacrament empfahen. Und wo dieselb ursach auffhoret, sollt man dieselben kirchen abbrechen, wie man allen anderen hewßern thutt, wenn sie nymmer nuetz sind.» (WA 10/I, 1, 252 [1522]).

[10] Heinrich Bullinger, Das Zweite Helvetische Bekenntnis, Zürich ⁵1998, Kap. 22, 120.

[11] Das zeigt sich deutlich bei Heinrich Bullinger, dem Verfasser des Zweiten Helvetischen Bekenntnisses, wenn er an anderer Stelle schreibt: «Der Ort an sich aber ist nicht heilig, doch insofern diese heiligen Verrichtungen an dem Ort geschehen, wird der Ort selbst heilig genannt.» (Heinrich Bullinger, Schriften V, hg. v. Emidio Campi u. a. [Hg.], Zürich 2006, Dekade 5, Predigt 10, 548.) Unter heiligen Verrichtungen versteht Bullinger hier die Versammlung der heiligen Kirche, die Verkündigung des heiligen Wortes Gottes, den Empfang der heiligen Sakramente und das gottgefällige Gebet.

Nimmt man gegenüber der hier skizzierten protestantischen *Lehre* vom Kirchenraum die *Praxis* gelebter Religion und die populären Deutungen von Kirchengebäude und Kirchenraum in den Blick, so zeigt sich eine andere Sichtweise. Gerade in kirchenferneren Kreisen – bei denen auch konfessionelle Differenzen im Kirchenraumverständnis kaum mehr bekannt sind – findet sich durchaus die Vorstellung vom Kirchenraum als einem «heiligen Raum», vom Kirchengebäude als dem «Haus Gottes». Eigenartigerweise dürften solche diffuse Zuschreibungen sogar zunehmen, je ungewohnter und erfahrungsleerer der Umgang mit Kirchengebäuden wird. Diese Entwicklung zeichnet sich ein in die komplexe Dialektik von «Wiederkehr der Religion» und anhaltendem Säkularisierungsprozess.

Doch auch in der Praxis kirchlich stärker sozialisierter Kreise lassen sich Tendenzen beobachten, den Kirchenraum als «heiligen» Raum zu gestalten. Manchmal wird in diesem Zusammenhang auf die in den sechziger und siebziger Jahren entstandenen Gemeindezentren hingewiesen. Sie wurden multifunktional gebaut, sollten nicht nur dem Gottesdienst, sondern dem vielschichtigen Leben der ganzen Gemeinde dienen. Sie wurden freilich oft wieder umgebaut, bestimmte Räume wurden abgegrenzt und *resakralisiert*.[12]

Die Schwierigkeiten bestehen nun darin, dass die skizzierte protestantische Lehre nicht in der Lage ist, solche Praktiken und Erfahrungen zu integrieren. Mehr noch: Sie geht von einem Verständnis des Kirchenraumes aus, das völlig indifferent ist gegenüber der Art und Weise wie das Wortgeschehen im Gottesdienst in der Gemeinde leiblich und räumlich erfahren wird. Letztlich ist diese Lehre nicht einmal in der Lage, dem schwer zu widerlegenden Umstand Rechnung zu tragen, dass auch der Kirchenraum in verschiedener Weise auf den Gottesdienst zurückwirkt.[13] Wohl gilt auch für Schwebel, dass der Kirchenraum ein erhabener Ort ist, der in seinen symboli-

---

[12] Dazu: Wolf-Eckart Failing, Welt (Anm. 1), 94–96.

[13] Zur Wechselwirkung zwischen Kirchenraum und Gottesdienst vgl. Klaus Raschzok, Kirchenbau und Kirchenraum, in: Hans-Christoph Schmidt-Lauber u. a. (Hg.), Handbuch der Liturgik. Liturgiewissenschaft in Theologie und Praxis der Kirche, 3. Aufl., Göttingen 2003, 391–412, bes. 391. Vgl. auch Stefan Schaede, der den Kirchenraum als potenziellen religiösen Performativ bestimmt: ders., Handlungsräume (Anm. 5), 67–69.

schen und ästhetischen Anmutungsqualitäten das gottesdienstliche Geschehen unterstützt.[14] Und selbst Schwebel will an den Erfahrungen und Wahrnehmungen von Raumatmosphäre, Schönheit und künstlerischer Gestaltung nicht einfach vorbeigehen, doch er zählt sie zum Bereich der Anthropologie, den er von dem der *Theologie* abhebt.[15] Ich bin aber der Meinung, dass eine Theologie, die solche anthropologischen Grundgegebenheiten nicht zu integrieren vermag, hoch reduktiv ist und letztlich hinter ihrem eigenen Anspruch zurückbleibt, das Ganze der Wirklichkeit unter der Glaubensperspektive in den Blick zu nehmen.

Die Schwierigkeiten bestehen also kurz gesagt darin, dass die genannte *protestantische Lehre nicht in der Lage ist, ein theologisches Verständnis des Kirchenraumes zu entwickeln.* – Die entscheidende und vieldiskutierte Frage lautet darum: Wie kann dem Kirchenraum theologische Bedeutung zugesprochen werden – und zwar eine Bedeutung, die Schwebels Bedenken ernst nimmt und nicht darauf hinausläuft, den Kirchenraum zu einem Heilsmittel zu machen oder ihm eine substanzontologische Heiligkeit zuzuschreiben?

Die hier verfochtene These lautet: *Um dem Kirchenraum theologische Bedeutung beimessen zu können, brauchen wir einen anderen Raumbegriff!*

Damit die Tragweite und Plausibilität dieser These sichtbar wird, muss ich im Folgenden etwas ausholen:

2. Drei klassische philosophische oder naturwissenschaftliche Raumtheorien

Das, was man in der Alltags- und Umgangssprache gemeinhin als «Raum» bezeichnet, ist ein objektiv gegebenes Länge-mal-Breite-mal-Höhe-Ding, ein Ding, das einfach so «da» ist. Raum wird vorgestellt als eine Art Behälter oder Gefäss, *in* dem sich unser Leben abspielt. Es ist der Raumbegriff, den man in der Schule vermittelt bekommt, den Raum der euklidischen Geometrie. Auch der Kirchenraum wird meistens als Behälterraum vorgestellt. Das dürfte zumindest bei

---

[14] Vgl. Horst Schwebel (Hg.), Über das Erhabene im Kirchenbau (Ästhetik – Theologie – Liturgik 37), Münster 2004.
[15] Schwebel, Kirche (Anm. 3), 15.

Schwebel ebenso der Fall sein.[16] Raum als Behälter zu verstehen, heisst Raum unabhängig von seinem Inhalt zu denken, heisst also auch Raum ohne Bezug auf den eigenen Körper oder andere Körper in dessen Umgebung zu verstehen. Der Behälterraum ist darum auch neutral gegenüber allen Handlungsvollzügen in ihm.

Raum als Behälter zu verstehen, ist eine hochgradige Abstraktionsleistung. Es verwundert nicht, dass sich diese auch als *Containermodell* bezeichnete Raumauffassung geistesgeschichtlich erst spät ausgebildet hat: Sie gehört zur tiefgreifenden Revolution des europäischen Denkens der Neuzeit.[17] Das Containermodell hat seine Wurzeln im Begriff des *absoluten Raumes*, wie ihn der Physiker *Isaak Newton* ausgearbeitet hat.[18] Newton unterschied in seiner «Philosophiae naturalis principia mathematica» (1687) einen absoluten von einem relativen Raum. Unter dem absoluten Raum versteht er einen ungeschaffenen, unendlichen, homogenen und isotropen Raum, während der relative Raum ein Mass oder ein beweglicher Teil des absoluten Raumes darstellt.[19]

Auch wenn die alltags- und umgangssprachliche Raumauffassung nicht direkt den absoluten Raum Newtons intendiert, bezieht sie ihre Plausibilität und Evidenz doch aus der Verbreitung eines naturwis-

---

16 Nur andeutungsweise taucht freilich auch bei Schwebel ein Raumkonzept auf, das Raum als subjektiven Wahrnehmungsraum versteht. Dazu Schwebel, Kirche (Anm. 3), 15.

17 Dazu: Alexandre Koyré, Von der geschlossenen Welt zum unendlichen Universum, übers. Rolf Dornbacher, 2. Aufl., Frankfurt a. M. 2008.

18 Vgl. Albert Einsteins Zuordnung des container-Begriffes zur Raumauffassung Newtons in: ders., Vorwort von Albert Einstein, in: Max Jammer, Das Problem des Raumes. Die Entwicklung der Raumtheorien, Darmstadt 1960, XI-XV.

19 Vor Newton haben schon die Renaissancephilosophen Patrizzi, Campanella und Gassendi und Newtons Lehrer Henry More einen absoluten Raum (an)gedacht. Vgl. Max Jammer, Problem (Anm. 18), 118, vgl. 91–101. Zu Newtons Begriff des absoluten Raumes a.a.O., 102–137.

Zuweilen wird auch die aristotelische Raumauffassung, die für das spätere Mittelalter bestimmend war, dem Containermodell zugeordnet (Alexander Gosztonyi, Der Raum. Geschichte seiner Probleme in Philosophie und Wissenschaften, Bd. II, Freiburg/München 1976, 1242). Von einem homogenen, zunächst materie-leeren Raum kann man hier aber nicht sprechen. Aristoteles definierte den Raum bzw. den Ort (gr. *topos*) als die anliegende Grenze des umfassenden, umschliessenden Körpers.

senschaftlichen Weltbildes, das hier eine seiner wirkmächtigen Ausformulierungen fand.

Es stellt sich freilich die Frage: Muss man Raum so verstehen? Fragt man so, dann schliessen sich unmittelbar weitere Fragen an: Was ist Raum eigentlich? Gibt es Raum unabhängig von materiellen und symbolischen Gütern, unabhängig von Personen in ihrer Körperlichkeit? Anders gewendet: Sind die materiellen Güter *im* Raum oder entsteht der Raum erst durch die Ordnungsstruktur von Personen und Gütern? Gibt es «den» Raum, den Raum *an sich* überhaupt? Hat er ein eigenes Sein, ein Wesen? Steckt er als Ausdehnung in den materiellen Gütern, in unseren Körpern, oder zwischen ihnen? Ist er voll oder leer? – Wie also, wenn Raum kein Container wäre, wenn diese Vorstellung ein uns zwar naheliegendes und selbstverständliches, letztlich aber doch reduktives Konstrukt ist?

Wenn man mit einer gewissen Frage-Penetranz diese «zäh prägende Schicht vermeintlicher Selbstverständlichkeiten»[20] der alltäglichen Raumauffassung verflüssigt, werden plötzlich alternative Optionen der Raumbestimmung wieder bedeutsam. Ich nenne zwei klassische Optionen:

Gottfried Wilhelm Leibniz hat gegen den newtonschen Containerraum Stellung bezogen. In einer berühmten brieflichen Kontroverse mit dem Newtonanhänger Samuel Clarke, die in den Jahren 1715/16 stattfand und mit Leibniz' Tod endete, offenbaren sich zwei fundamental verschiedene Raumauffassungen, die nicht nur in der Folgezeit, sondern letztlich bis in die Gegenwart hinein wirkmächtig wurden. In einem der Briefe fasst Leibniz sein Raumverständnis folgendermassen zusammen: «Was meine eigene Meinung anbetrifft, so habe ich […] gesagt, daß ich den Raum ebenso wie die Zeit für etwas rein Relatives halte, nämlich für eine Ordnung des Nebeneinanderbestehens, so wie die Zeit eine Ordnung der Aufeinanderfolge ist.»[21]

———

[20] So Hermann Schmitz im Blick auf sein philosophisches Unternehmen einer «Neuen Phänomenologie», in: ders., Der Leib, der Raum und die Gefühle, Bielefeld/Locarno 2007, 11.
[21] Gottfried Wilhelm Leibniz, Briefwechsel mit Samuel Clarke, in: Jörg Dünne/ Stephan Günzel (Hg.), Raumtheorie. Grundlagentexte aus Philosophie und Kulturwissenschaften, Frankfurt a. M. 2006, 58–73, 61.

Leibniz vertritt also eine relationale Raumauffassung, nach der Raum eine beziehungsmässige Ordnung von Körpern an Orten ist. Das Beziehungsnetz dieser Orte bildet den Raum. Für Leibniz ist Raum also kein Container wie bei Newton und Clarke, sondern eine Ordnungsrelation.[22] Wie *René Descartes* wehrt sich Leibniz gegen die Fiktion eines materie-leeren bzw. materieunabhängigen Raumes. Der Raum ist überall gefüllt. Ohne Materie, ohne Dinge ist der Raum nicht.[23]

Auch *Immanuel Kant* hat die Existenz eines Containerraumes bestritten. Er hat sich auf seinem philosophischen Denkweg in mehreren Anläufen mit den Raumauffassungen von Newton wie auch von Leibniz intensiv auseinandergesetzt und schliesslich v. a. in seiner kritischen Philosophie ein eigenständiges, neues Raumverständnis vorgelegt. In der «Transzendentalen Ästhetik» der Kritik der reinen Vernunft bestimmt Kant den Raum als eine «Form der Anschauung» und zwar eine «reine», apriorische Anschauung.[24] Raum ist kein Ding in der uns umgebenden Aussenwelt, sondern ein Schema in unserem Kopf, mit dem unsere Wahrnehmungsinhalte organisiert werden. Raum ist ein ordnendes Prinzip, das vor aller Erfahrung liegt und Erfahrung erst ermöglicht. Raum ist eine Art Wahrnehmungsschablone in unserem Erkenntnisapparat.

3. Zum sogenannten «spatial turn»

Man sieht schon nur an diesen drei klassischen neuzeitlichen Raumtheorien von Newton, Leibniz und Kant, dass es verschiedene Mög-

---

22 Leibniz' relationaler Raum dürfte Vorläufer gehabt haben: Zu denken ist an Theophrast und an den arabischen Philosophen Al-Ghazali. Dazu: Max Jammer, Problem (Anm. 18), 22.52–54.

23 Wobei zu präzisieren ist, dass auch für Newton der absolute Raum zumindest faktisch nicht leer ist, er enthält in sich Materie, ist aber nicht durch sie konstituiert. Zudem ist jener Raum geisterfüllt, mehr noch: Raum ist die Form der Allgegenwart Gottes bei seinen Geschöpfen. Vgl. Jammer, Problem (Anm. 18), 120.122.

24 Immanuel Kant, Werke in sechs Bänden, hg. v. Wilhelm Weischedel, Darmstadt 1998 (= Nachdruck 1960), Band II, 72f (B 37–40).

lichkeiten gibt, Raum zu denken. Diese Einsicht ist natürlich nicht neu, sie hat aber in den letzten Jahren vermehrtes Interesse geweckt. Seit Ende der 80er Jahre lässt sich eine neue wissenschaftliche Aufmerksamkeit für Raumfragen beobachten. Sie hat ihren Ausgang in der angelsächsischen postmodernen Humangeographie und Städteplanung genommen, allen voran bei Edward W. Soja, David Harvey, Derek Gregory, Doreen Massey u. a. Eine parallele Theoriebildung lässt sich bei Soziologen wie Pierre Bourdieu, Erving Goffman, Anthony Giddens u. a. beobachten, bei denen eine starke Sensibilisierung für räumliche Bezüge sozialer Praktiken stattfindet. Man hat auf diese neue Aufmerksamkeit das von Soja stammende Label «spatial turn» angewandt.[25] Die Diskussion um den «spatial turn» hat mittlerweilen praktisch alle Wissenschaftsdisziplinen erreicht[26], trägt freilich im deutschsprachigen Bereich deutlich kritischere und weniger emphatische Züge.

Als Vordenker des «spatial turn» werden meist zwei französische Philosophen genannt: Zum einem ist es *Michel Foucault*. Immer wieder wird auf seinen berühmten, 1967 gehaltenen, jedoch erst 1984 veröffentlichten Vortrag «*Des espaces autres*» («Von anderen Räumen») rekurriert.[27] Die einleitenden Sätze dieses Vortrages wurden gleich-

---

[25] Soja verwendet den Begriff erstmals – freilich noch eher beiläufig – in seinem Buch: Postmodern Geographies. The Reassertion of Space in Critical Social Theorie, London/New York 1989, 16.39.50.154. Programmatisch gebraucht er ihn erst in: Thirdspace. Journeys to Los Angeles and other Real-and-Imagined Places, London/New York 1996. Er schreibt dort emphatisch in dem von ihm verfassten Klappentext: «Contemporary critical studies have experienced a significant spatial turn. In what may be seen as one of the most important intellectual and political developments in the late twentieth century, scholars have begun to interpret space and spatiality of human life with the same critical insight and emphasis that has traditionally been given to time and history on the one hand, and to social relations and society on the other.»
Aus der Fülle der Literatur zum «spatial turn» seien exemplarisch zwei Titel genannt: Doris Bachmann-Medick, Cultural Turns. Neuorientierungen in den Kulturwissenschaften, 3. neu bearb. Aufl., Reinbek bei Hamburg 2009, 284–328. Jörg Döring/Tristan Thielmann (Hg.), Spatial Turn. Das Raumparadigma in den Kultur- und Sozialwissenschaften, Bielefeld 2008.

[26] Stephan Günzel (Hg.), Raumwissenschaften, Frankfurt a. M. 2009.

[27] Michel Foucault, Von anderen Räumen, Übers. v. Michael Bischoff, in: Michel Foucault, Schriften in vier Bänden. Dits et Ecrits, Bd. IV, hg. v. Daniel Defert/François Ewald, Frankfurt a. M. 2005, 931–942.

sam zur Programmformel des «spatial turn»: «Die grosse Obsession des 19. Jahrhunderts war bekanntlich die Geschichte [...]. Unsere Zeit ließe sich dagegen eher als Zeitalter des Raumes begreifen. Wir leben im Zeitalter der Gleichzeitigkeit, des Aneinanderreihens, des Nahen und Fernen, des Nebeneinander und des Zerstreuten. Die Welt wird heute nicht so sehr als ein großes Lebewesen verstanden, das sich in der Zeit entwickelt, sondern als ein Netz, dessen Stränge sich kreuzen und Punkte verbinden.»[28]

Als weiterer Vordenker gilt der marxistische Philosoph *Henri Lefebvre*. Der von ihm in seinem Buch «*La production de l' espace» (1974)* entwickelte Raumbegriff wurde breit rezipiert. Lefebvre geht davon aus, dass «*der (soziale) Raum ein (soziales) Produkt ist*»[29]. (Ansätze zu einem solchen Raumbegriff finden sich in der Soziologie schon bei Émile Durkheim und v. a. bei Georg Simmel.[30]) Raum wird hier nicht mehr als bereits vorhandener, bedingender, materialer Rahmen oder Behälter verstanden, *in* dem sich Handlungen und Kommunikationen abspielen, sondern wird erst durch soziale und kulturelle Praktiken hervorgebracht. «Der (physische) Naturraum rückt unwiderruflich auf Distanz. [...] Die Natur [...] ist bloß noch der *Rohstoff*, auf den die Produktivkräfte der verschiedenen Gesellschaften eingewirkt haben, um ihren Raum zu produzieren.»[31] So wird Raum gestaltbar – auch politisch. Es ist darum nicht verwunderlich, dass mit dem «spatial turn» zuweilen das Programm einer postkolonialen Geopolitik einhergeht, das auf eine Revision eurozentrisch binärer Kartierungen drängt, die mit dem Schema Zentrum–Peripherie, Norden versus Süden o. ä. operieren, auf eine Revision von Raumstrategien, die marginalisierte Räume (Apartheid, Ghettos, Reservate,

---

28 A.a.O., 931.

29 Henri Lefebvre, Die Produktion des Raums, in: Jörg Dünne/Stephan Günzel (Hg.), Raumtheorie (Anm. 21), 330–340, 330.

30 Dazu Dünne/Günzel (Hg.), Raumtheorie (Anm. 21), 289–292. Aufschlussreich sind insbesondere Simmels Ausführungen zum physisch leeren Raum in neutralen Grenzzonen, im Blick auf die er schreibt, dass «sich schließlich selbst der leere Raum als Träger und Ausdruck soziologischer Wechselwirkung enthüllt». Georg Simmel, Über räumliche Projektionen sozialer Formen, in: Dünne /Günzel (Hg.), Raumtheorie (Anm. 18), 304–315, 315. Die Aussage dokumentiert den beginnenden Abschied von einer Vorstellung des Naturraumes als Behälter für soziale Prozesse.

31 Lefebvre, Produktion (Anm. 29), 330.

Kolonien) entstehen lässt oder Nationalismen, Chauvinismen, Fundamentalismen befördern.[32] Stimmen, die ein solches geopolitisches Remapping fordern trifft man v. a. im angloamerikanischen Bereich an. Im deutschsprachigen Bereich stösst sie auf Kritik. Zu beachten bleibt der geschichtliche Hintergrund dieser Kritik, nämlich «die nationalsozialistische Ideologisierung und Funktionalisierung des Raumkonzeptes für die Propaganda- und Kriegspolitik des Zweiten Weltkriegs, wie sie sich in einer rassistischen Blut-und-Boden-Ideologie und in der Zielvorstellung einer gewaltsamen Erweiterung des Lebensraumes im Osten für ein ‹Volk ohne Raum› verhängnisvoll niedergeschlagen hat».[33] Der Missbrauch der klassischen Geopolitik durch den Nationalsozialismus hat das Nachdenken über Raum im deutschsprachigen Bereich zu guten Teilen blockiert und verleiht ihm jetzt, da es seit einigen Jahren in Schwung gekommen ist, eine besondere, kritische Note.

Die wenigen Hinweise zum «spatial turn» zeigen deutlich, dass die Reflexion über Raum nicht von derjenigen über *Machtverhältnisse* abgelöst werden kann. Auch in dieser Einsicht ist der Diskurs zum «spatial turn» seinen von ihm erkürten Vordenkern, Foucault und Lefebvre, durchaus treu geblieben. Weiterführend ist es, wenn die Reflexion des Verhältnisses von Macht und Raum auch auf den Raumbegriff selbst angewandt wird. Man kann z. B. feststellen, dass herrschaftsförmige Inklusions- und Exklusionsprozesse durch ein Containermodell des Raumes stärker befördert werden als das beim relationalen Modell der Fall ist. Die Attraktivität und die tiefe Ambivalenz des Containermodells liegt gerade darin begründet, dass es erlaubt, klare Grenzen zu ziehen zwischen innen und aussen, zugehörig und fremd, es bringt Dualisierungen, Cocooning, Territorialisierungen und Essentialisierungen hervor.[34] Es mag sein, dass solche Dualisierungen in den alltäglichen Prozessen der Raumkonstitution zuweilen unvermeidlich aufgebaut werden. Ein theoretisch kontrol-

---

[32] Bachmann-Medick, Cultural Turns (Anm. 25), 289f. 293.

[33] A.a.O., 286. Vgl. Karl Schlögel, Im Raume lesen wir die Zeit. Über Zivilisationsgeschichte und Geopolitik, München/Wien 2003, 52–59.

[34] Vgl. Markus Schroer, «Bringing space back in» – Zur Relevanz des Raums als soziologischer Kategorie, in: Döring/Thielmann (Hg.), Spatial Turn (Anm. 25), 125–148, 136.

lierter Umgang mit dem Raumbegriff muss sie aber unterbrechen, kritisch reflektieren und wo möglich alternative Raummodelle testen.[35]

Die Diskursfelder, die unter dem Label «spatial turn» firmieren, sind ziemlich heterogen und nicht leicht auf einen Nenner zu bringen. Es existieren zudem Abzweigungen, die wie der «topological turn»[36] als explizit kritisches Gegenprogramm dazu fungieren oder wie der «topographical turn»[37] ohne direkten Bezug zum «spatial turn» als Korrekturvorschlag interpretierbar sind. Es fragt sich zudem, ob es nicht von Ignoranz zeugt, angesichts der langen philosophischen (und auch theologischen!) Denkgeschichte zur Raumthematik mit dem üblichen Pathos von einem «spatial turn» und nicht wenigstens «return» zu sprechen.

Statt einer kritischen Diskussion darüber möchte ich im Folgenden lieber einen für den deutschsprachigen Diskurs wichtigen Entwurf vorstellen und so den kreativen Beitrag des «spatial turn» für das theologische Problem des Kirchenraumes andeuten.

4.   Martina Löws Raumsoziologie

Im Jahr 2001 legte Martina Löw eine «Raumsoziologie» vor, die mittlerweilen auf den verschiedensten Gebieten Anwendung findet. Löw selbst bezieht sich noch nicht explizit auf den (damals in Deutschland noch wenig bekannten) «spatial turn», kann ihm aber sachlich durchaus zugerechnet werden und wird so auch in sozial- und kulturwissenschaftlichen Beiträgen rezipiert.

---

[35] Unter dem Label des «spatial turn» hätte man darum in wissenschaftstheoretischer Hinsicht Raum nicht nur als Untersuchungsobjekt, sondern auch als methodische Analysekategorie zu reflektieren, vgl. Bachmann-Medick, Cultural Turns (Anm. 25), 303, vgl. 26.

[36] Stephan Günzel, Raum – Topographie – Topologie, in: ders., Topologie. Zur Raumbeschreibung in den Kultur- und Medienwissenschaften, Bielefeld 2007, 14–29; ders., Spatial Turn – Topographical Turn – Topological Turn. Über die Unterschiede zwischen Raumparadigmen, in: Döring/Thielmann (Hg.), Spatial Turn (Anm. 25), 219–237.

[37] Sigrid Weigel, Zum «topographical turn». Kartographie, Topographie und Raumkonzepte in den Kulturwissenschaften, KulturPoetik 2,2 (2002), 151–165.

Löw entwirft einen breiten Raumbegriff. Sie geht von folgender Grunddefinition aus:

«Raum ist eine relationale (An)Ordnung von Lebewesen und sozialen Gütern an Orten. Raum wird konstituiert durch zwei analytisch zu unterscheidende Prozesse, das Spacing und die Syntheseleistung.»[38]

Ich erläutere die wichtigsten Elemente der Definition:

1. Für Martina Löw entsteht Raum durch das Handeln von Menschen, Raum wird konstituiert und sozial produziert. Raum entsteht, indem Menschen Güter und Menschen platzieren (*spacing*). Raum entsteht aber auch durch Wahrnehmungen, Erinnerungen und Vorstellungen, d. h. Raum wird synthetisiert (*Syntheseleistung*).[39]

2. Am Begriff der *(An)Ordnung* lässt sich zeigen, wie Löw Handeln und Struktur und damit auch subjektive und kollektive Raumkonstitution versteht: Der Begriff steht einerseits für die Ordnung bzw. die Struktur, die durch Räume bereits geschaffen ist und andererseits für den Prozess des handelnden Anordnens.[40] Von *räumlichen Strukturen* spricht Löw dann, wenn die Raumkonstitution in Regeln eingeschrieben und durch Ressourcen abgesichert ist, welche unabhängig von Ort und Zeit rekursiv in Institutionen eingelagert sind.[41] Alltägliches, repetitives Handeln und räumliche Strukturen sind zirkulär aufeinander bezogen: Räumliche Strukturen bringen ein Handeln hervor, welches in der Konstitution von Räumen räumliche Strukturen reproduziert.[42] Wo Räume selbst da bestehen bleiben, wo gewisse gesellschaftliche Teilgruppen sie nicht reproduzieren, kann man von *institutionalisierten Räumen* sprechen.[43] «Als institutionalisierte (An)Ordnung wird der Raum zur Objektivation, das bedeutet, dass er – ein Produkt menschlicher Tätigkeit – als gegenständlich erlebt wird.»[44]

---

[38] Martina Löw, Raumsoziologie, Frankfurt a. M. 2001, 271 et passim.

[39] A.a.O., 158–161.

[40] A.a.O., 166.

[41] A.a.O., 171. Wobei Löw unter Institutionen auf Dauer gestellte Regelmässigkeiten sozialen Handelns bzw. in Routinen reproduzierte Gebilde versteht, vgl. a.a.O., 169.163.

[42] A.a.O., 172.

[43] A.a.O., 161–166, vgl. 178.

[44] A.a.O., 164.

Selbst da, wo Handeln weniger repetitiv verstanden und die verändernde oder kreativ-gestaltende Dimension stärker betont wird, sind die Möglichkeiten der handelnden Raumkonstitution nicht beliebig. Sie sind nach Löw immer auch abhängig von Faktoren, die in einer Handlungssituation vorgegeben sind. Hier geht es nicht nur um symbolische Faktoren wie Werte, Normen, Rollenerwartungen, Institutionen, sondern auch um materielle Faktoren: Menschliche Artefakte, Naturgegebenheiten und auch den physischen Organismus.[45] – Löw denkt also eine Materialität von Raum durchaus nicht nur als sozial produzierte Objektivation im subjektiven Erleben von Menschen, sondern im Sinne eines härteren Aussen dessen, «was die Natur vorgibt»[46] – selbst wenn dieses Aussen immer noch durch synthetisierende Verknüpfungsprozesse als Raum erschlossen wird.[47]

Noch stärker tritt diese Materialität da hervor, wo Löw von der «Aussenwirkung»[48] von Lebewesen und sozialen Gütern spricht, die sich anscheinend nicht nur auf «Gerüche, Töne oder Farben»[49] beschränkt, sondern auch atmosphärisch gespürt werden kann: «Raum ist eine an materialen Sachverhalten festgeschriebene Figuration, deren spürbare unsichtbare Seite die Atmosphäre ist.»[50] Es bleibt aber auch hier dabei, dass die Wahrnehmung solcher Atmosphären ein selektiver und konstruktiver Vorgang ist.[51]

3. (An)geordnet sind oder werden «*Lebewesen und soziale Güter*». Soziale Güter können primär materieller (z. B. Tische, Häuser) oder primär symbolischer Art sein (z. B. Lieder, Werte, Vorschriften).[52] Indem Löw auch Lebewesen, v. a. Menschen und Tiere, als Objekte der Raumkonstitution betrachtet, geht sie über frühere soziologische Raummodelle hinaus.[53] Damit gewinnt auch die Standortgebundenheit und Perspektivität der Raumkonstitution eine neue Qualität und Bedeutung. Ein wichtiger Gedanke kommt hinzu: Soziale Güter und

---

[45] A.a.O., 191f.
[46] A.a.O., 191. Als Beispiel nennt sie an dieser Stelle einen Fluss.
[47] A.a.O., 194.
[48] A.a.O., 194.195f.204–210.
[49] So noch a.a.O., 194.
[50] A.a.O., 205, vgl. 204–210.
[51] A.a.O., 197.209.
[52] A.a.O., 153.
[53] A.a.O., 133f.154f.

Lebewesen bilden nicht je für sich einen Raum, sondern in ihren Wechselwirkungen. Erst der Einbezug solcher komplexer Relationsgefüge ermöglicht es gemäss Löw, nicht nur von einem *relativistischen*, sondern einem *relationalen* Raumbegriff zu sprechen.[54]

Konkret bedeutet das beispielsweise: Wie Menschen interagieren, ihr gemeinsames Reden, Singen oder Beten und meine Platzierung unter ihnen – all das fliesst ein in ein Ensemble, das «Raum» heisst. Auch mein Körper, seine Bewegungen relativ zu allen Mitmenschen, seine Ausrichtung, seine Wahrnehmungen von Aussenwirkungen, von Licht, Kälte u. a. spielt eine zentrale Rolle. Dadurch wird Raum verflüssigt und dynamisiert, Raum wird zum komplexen Beziehungsgeschehen. – Wohlgemerkt, die Bezeichnung «Raum» ist hier keine Metapher – das wäre nur der Fall, wenn man weiterhin von einem Containermodell ausgehen würde.

5. Der Kirchenraum im Verständnis eines relationalen Raummodells

Der Raumbegriff von Löw lässt sich nun auch auf das oben entfaltete Problem eines theologischen Verständnisses des Kirchenraumes anwenden – wie Tobias Woydack vor kurzem gezeigt hat[55].

Operiert man mit einem relationalen Raumbegriff wie dem von Martina Löw, dann ist der Kirchenraum keine neutrale, rein funktionale Grösse mehr. Er erhält *theologische* Bedeutung, weil er nun nicht vom Wortgeschehen im Gottesdienst abgelöst werden kann. Der Kirchenraum ist nun nicht mehr indifferent gegenüber der Art und Weise, wie das Wortgeschehen in der Gemeinde leiblich und räumlich erfahren wird. Denn der Kirchenraum wird nun durch den Gemeindegottesdienst (re-)konstituiert. Was in der hörenden, singenden, betenden Gemeinde vor sich geht, verändert den Raum. Ein solcher relationaler Raumbegriff kommt dem Raumerleben viel näher als der abstrakte Containerraum. Gotteserfahrungen im Kirchengebäude sind nun konstitutiv mit dem subjektiven und kollektiven

---

[54] A.a.O., 156.
[55] Woydack, Gott (Anm. 5).

leiblichen Raumerleben verbunden, sie sind gleichsam verwoben mit dem Kirchenraum. Diese Raumtheorie ist sehr wohl in der Lage, den Kirchenraum als *heiligen* Raum zu deuten, er ist heilig (oder kann es zumindest immer wieder werden) in der subjektiven und kollektiven Produktion von Raum. Damit wird die Freiheit des Wortes Gottes nicht tangiert. Denn «Heiligkeit» meint hier eine Beziehungsqualität und bezeichnet nicht eine substanzontologische Heiligkeit des physischen Kirchengebäudes, wie sie Schwebel u. a. kritisiert haben.

Löws Raumbegriff würde es auch möglich machen, verbunden mit der Bestimmung der theologischen Bedeutung des Kirchenraumes das Verhältnis von Macht und Raum zu reflektieren. Das könnte in ganz verschiedenen Hinsichten geschehen. Ich nenne nur ein Beispiel: Es lässt sich zeigen, dass gesellschaftliche Strukturprinzipien wie Klasse/Schicht oder Geschlecht gleichsam körperlich einverleibt, habitualisiert werden und von da aus in die Raumplatzierungen und Raumsynthetisierungen einfliessen. Die Konstitution des Kirchenraumes ist darum nie geschlechtsneutral, soziale und geschlechtsspezifische Machtverhältnisse werden darin (meist unbewusst) produziert und reproduziert.[56]

Ich habe mich in der Anwendung von Löws Raumbegriff auf die Kirchenraumproblematik an der bereits genannten, innovativen Studie von Woydack orientiert. Es sei zum Schluss in aller Kürze auch an die Grenzen des hier präsentierten raumsoziologischen Unternehmens erinnert.

Woydack versteht die löwsche Raumtheorie als «Metatheorie», in die er das Beziehungsgeschehen zwischen Gott und Mensch und von da her das Verständnis des Kirchenraumes einzeichnet.[57] Selbst wenn Woydack dabei die Unverfügbarkeit Gottes betont und sogar darauf hinweist, dass Gott selbst Raum konstituiert,[58] ist klar, dass es sich dabei letztlich wiederum nur um eine räumliche Syntheseleistung durch den Menschen handeln kann. Diese Syntheseleistung versteht

---

56 Löw, Raumsoziologie (Anm. 38), 173–179. Zur geschlechtsspezifischen Raumkonstitution vgl. 89–93.115–129.246–254, vgl. auch 210–218.

57 Woydack, Gott (Anm. 5), 202. Zum räumlichen Beziehungsgeschehen zwischen Gott und Mensch vgl. 170–228.

58 A.a.O., 203.226, vgl. auch der Hinweis auf die auf Aussenwirkung basierende Gotteserfahrung, 178.

er als Glaube, in dessen Perspektive gilt: «Raum ist die relationale (An)Ordnung von Lebewesen und dem Heiligen, also Gott.»[59] Wie es im Rahmen einer soziologischen Theorie zu Recht nicht anders zu erwarten ist, wird Glaube hier auf eine sozial vermittelte kognitive Konstruktionsleistung reduziert und er bleibt blind für ein diese Konstruktion noch einmal transzendierendes Wirken Gottes am Menschen. So bleibt der Vertrauensaspekt des Glaubens ebenso auf der Strecke wie die Eigenräumlichkeit des leiblichen Glaubenssubjektes wie auch letztlich der Gottesgedanke selbst. Die theologische Verarbeitung der löwschen Raumtheorie *im engeren Sinne* ist erst noch zu leisten!

---

[59] A.a.O., 176.

Der Kirchenraum: Gestaltungsmacht und Gestaltungsformen

Torsten Meireis

Wie sieht ein Kirchenraum aus, wie sollte er aussehen? Die Frage nach der Gestaltung des gottesdienstlichen Raumes scheint zunächst eher in das Gebiet der Praktischen Theologie oder – im Bereich der Systematischen Theologie – bestenfalls in die Kompetenz der Dogmatik zu fallen. Die sich hier ergebenden ästhetischen Fragen gehören, so könnte man meinen, in den Zusammenhang des praktischen, des gelebten Christentums, in die Kontexte von Liturgik und den Topos von den Heilsmitteln.

Die Themenstellung «Macht und Raum», unter der dieses Symposion steht, macht aber auf eine Reihe ethischer Klärungsaufgaben aufmerksam. Wenn es nämlich stimmt, dass sich in umbauten Räumen Machtformationen abbilden, dann kann man sich zunächst fragen, wie dies vorzustellen ist. Im nächsten Schritt lässt sich erwägen, ob dies in christlicher Perspektive überhaupt statthaft ist. Darf der Kirchenraum etwas anderem Raum geben als der Macht Gottes? Wie aber liesse sich dies bewerkstelligen? Hat die Kirche, die in der Regel als Kollektivsubjekt der Errichtung von Sakralbauten gelten muss, die Kompetenz, dieses auszuführen? Wer soll innerhalb der Kirche entscheiden und gestalten dürfen? Und was ist die Aufgabe der Ethik darin? Um dies zu klären, möchte ich mit einigen Bemerkungen zu Ethik, Moral und Macht beginnen. Weil es auch in der Frage des Kirchenraums in ethischer Hinsicht um den kirchlichen Umgang mit Macht geht, möchte ich in einem zweiten Schritt einige ekklesiologische Überlegungen anstellen, um in einem dritten Schritt Konsequenzen für die Frage des Kirchenraums zu erörtern. Schliesslich sollen die Überlegungen kurz zusammengefasst werden.

1. Ethik, Moral und Macht

Kein umbauter Raum ist neutral, Räume haben stets sozialen, politischen, psychologischen und theologischen Aussagecharakter: Das schiere Volumen umbauten Raums, der Umgang mit Licht und

Schatten, die Anordnung von Mobiliar, Sitz- und Stehplätzen, aber auch Gebäudestruktur und das für die Wand-, Boden- und Decken-gestaltung verwendete Material tragen zu einem Gesamteindruck bei, der sich als Proposition lesen lässt und Wirkung erzeugt – etwa, in-dem er die Menschen in bestimmte Verhältnisse zueinander versetzt,

Abbildung 1: Rom, S. Giovanni in Laterano, Chor (Lateranbasilika Konstantins), ab 313 (http://upload.wikimedia.org/wikipedia/commons/4/4a/Chor_Apsis_San _Giovanni_Laterano_Rom.jpg [30.08.10]).

wie Richard Sennett in seiner stadtsoziologischen Studie «Fleisch und Stein» zeigt: Die Lateranbasilika Konstantins (Abb. 1.) lenkt die Bli-cke der seitlich im Längsschiff sitzenden Menschen auf die Christus-statue und den mit den Gewändern und Insignien eines römischen Magistrats ausgestatteten Bischof als Liturgen, der damit als Beamter eines himmlischen Kaisers deutlich wird.

Das runde Martyrium Santa Costanza dagegen versammelt die im Schatten stehenden Gläubigen um das Grab der Märtyrerin, das direkt unter der Lichtöffnung der Kuppel liegt und so den Blick der Gläubigen auf die Verbindung von Martyrium und göttlichem Licht lenkt (Abb. 2).[1]

Abbildung 2: Rom, Santa Costanza, 4. Jh. (http://www.lebellezzeditalia.it/fotografie/foto%20lazio/foto_roma/santa%20costanza.jpg, 20.04.2010)

Gerade das Erzeugen von Wirkung ist es aber, was – jedenfalls in soziologischer Perspektive – mit dem allgemeinen Begriff der Macht ausgesagt wird:[2] Damit ist auch der Kirchenraum ganz gewiss niemals ein machtfreier Raum.

---

[1]   Richard Sennett, Fleisch und Stein. Der Körper und die Stadt in der westlichen Zivilisation, Berlin 1995, 180–185.

[2]   Vgl. Anthony Giddens, Die Konstitution der Gesellschaft. Grundzüge einer Theorie der Strukturierung, Frankfurt, New York 1988, 65–67.

In Antike, Mittelalter und früher Neuzeit waren Menschen für die Frage der räumlichen Macht und diese Wirkungen durchaus sensibilisiert – zumal angesichts der im Vergleich zu heute wesentlich geringeren Konfrontation mit von Menschen generierten Informationen und Bildern. Auch aus diesem Grund sind die reformatorischen Kämpfe um Bilder, Figuren und die Anordnung des Kirchenraums bedeutsam. In diesen Kämpfen und Diskursen spiegelt sich nicht nur die dogmatische Frage nach der angemessenen Repräsentanz Gottes – im Bild, in der Abwesenheit des Bildes, im Wort – sondern auch das liturgische Problem authentischer und angemessener Anbetung.[3]

Jenseits einer oft beklagten Moralisierung der Kirche spielen moralische Probleme – also Fragen nach gutem oder bösem Handeln unter Voraussetzung einer bestimmten Vorstellung von Gott und Welt – hierbei zwingend eine Rolle, und zwar ganz einfach darum, weil es in der Gestaltung des Kirchenraums um menschliches Handeln geht. Weil es um das Verhältnis von Gott und Mensch geht, stellt sich die *theologische* Frage nach dem Verhältnis von unverfügbarer, weil göttlich gestifteter Gemeinschaft – der Kirche als *creatura verbi divini* – und konkreter, auf rechtliche Regelungen und Verfahren mit verpflichtendem Charakter angewiesener Organisation, die klassisch in Kirchenrecht und Ekklesiologie verhandelt wird. Und wenn verschiedene Menschen zusammen handeln, stellt sich gleichursprünglich sofort die *moralische* Frage, wie die Gestaltungsfreiheit der einen mit der aller anderen zusammenstimmen kann, denn hier gibt es regelmässig Konflikte.

Das beginnt, um ein erstes Beispiel zu nennen, schon bei der Frage, ob Religionsdinge überhaupt Zwang oder Verbindlichkeit vertragen: Dabei kann es um die faktische Verpflichtung der Nachfolgenden etwa durch die Errichtung oder Umgestaltung eines in Errichtung und Unterhalt teuren Gebäudes gehen.

Auch kommen, ein zweites Beispiel, Güterabwägungen in Betracht: etwa in der Bestimmung der Höhe der Mittel, die für Kirchenbauten ausgegeben werden und dann für andere Zwecke, etwa

---

[3] Vgl. hierzu auch Matthias Zeindler, Wort im Bild, Was Theologie von Kunst in kirchlichen Räumen erwartet, in: Societas Sancti Lucae, Kunst und Kirche, Symposion '97 der Schweizerischen St. Lukasgesellschaft in Kappel am Albis, Basel 1998, 11–27.

die Armenhilfe oder das Bildungshandeln, nicht mehr zur Verfügung stehen.

Natürlich – ein drittes Beispiel – kann sich das auch im Kontext zeitlicher und räumlicher Ressourcen darstellen, also etwa im Abwägen zwischen ungestörter Feier der Liturgie und einer moralisch begründeten Praxis wie dem Kirchenasyl oder ähnlichem. Dieses Problem wurde in einer mir bekannten Frankfurter Kirche sehr praktisch, weil der Kirchenvorstand Obdachlosen im Winter Zuflucht gewährte und die differierenden Vorstellungen und Möglichkeiten von angemessener Hygiene zum Konflikt führten: Ein Teil der Gottesdienstgemeinde empfand (und beschwerte sich über) eine Geruchsbelästigung, die die Andacht störe.

In einem vierten Beispiel, das von Franziska Mihram[4] stammt, geht es um unterschiedliche Auffassungen von Kirche. Sie schildert die Einrichtung multifunktionaler, nach aussen unauffälliger Gemeindezentren, wie sie in den 50er bis 70er Jahren des letzten Jahrhunderts verbreitet war. Diese sollten vielfache Nutzbarkeit mit niedrigen Hemmschwellen für Nutzer und Nutzerinnen ausserhalb der gemeindlichen Subkultur verbinden. Sie deutet diese Bauten als Konsequenz einer sozialethischen Konzeption von Kirche und konstatiert, dass diese Bauten heute oft nicht mehr gewollt werden, weil sie kein «Kirchengefühl» auslösen. Dahinter werden, so verstehe ich das, zwei Konzepte des Kirchenbaus sichtbar: Das eine Konzept, das des multifunktionalen, meist nüchternen Raums, sieht gewissermassen die im Gottesdienst verbundenen Menschen als den Raumschmuck an und überträgt die Sorge für die angemessene Inszenierung liturgischer Vollzüge gleichsam an die versammelte Gottesdienstgemeinde. Die Chance ist die Freiheit der Gemeinde zu immer neuer Gestaltung, die Gefahr eine Überforderung der Menschen, die den Gottesdienst besuchen, um aufgehoben zu sein und gerade einmal nicht verantwortlich gestalten zu müssen. Das andere Konzept entlastet die Menschen, indem der Raum einen grossen Teil der liturgischen Inszenierung übernimmt. Die Chance hier besteht

---

[4] Franziska Mihram, Not macht erfinderisch ... Zur Entdeckung des Kirchenbaus als Thema der Theologie, in: Matthias Zeindler (Hg.), Der Raum der Kirche, Perspektiven aus Theologie, Architektur und Gemeinde, Symposion der Schweizerischen St. Lukasgesellschaft für Kunst und Kirche vom 25./26. August 2001 in Kappel am Albis, Horw 2002, 53–67, hier 62–64.

eben in der angesprochenen Entlastung, die Gefahr in einer zu starken Regulierung, die keine alternativen Gestaltungen mehr zulässt.[5]

In ethischer Sicht gibt es also zwei Probleme mit dem Kirchenraum, einerseits das theologische Problem des Verhältnisses von Gott und Mensch, andererseits die moralische Frage, wer im Konfliktfall in diesen Fragen eigentlich zu bestimmen hat. Damit muss es im Folgenden um die Frage nach der moralisch akzeptablen Bemächtigung des Kirchenraums gehen.

2.   Die Frage nach dem legitimen Subjekt der Bemächtigung und der Begriff der Kirche

Wer also bemächtigt sich eigentlich in legitimer Weise des Kirchenraums? Wäre es nicht Gottes Macht, der – wie im sonstigen Leben auch – eben auch im Kirchenraum die Ehre zu geben wäre? Und ist damit nicht menschlicher Bemächtigung von vornherein die Grundlage entzogen? Muss sie nicht prinzipiell als illegitim gelten? Da dies nicht heissen kann, dass wir einfach nichts tun – enden wir damit nicht in der berühmten barthschen Spannung: «Wir sollen als Theologen von Gott reden. Wir sind aber Menschen und können als solche nicht von Gott reden. Wir sollen Beides, unser Sollen und unser Nicht-Können, wissen und eben damit Gott die Ehre geben.»[6] Aber was bitte bedeutet das, wenn es um die konkrete Gestaltung von Kirchenräumen geht? Dürfen sie Rave-tauglich sein? Oder multifunktionale Gemeindezentren wie oben erwähnt? Oder sollten es Räume sein, die durch schiere Proportionen ein Gefühl der Erhabenheit erzeugen? Mir scheint, dass sich dieses Problem sinnvoll nur in einer allgemein ekklesiologischen Perspektive angehen lässt, denn ethisch gesehen begegnen wir im Problem des Kirchenbaus den

---

5   Das lässt sich mit Matthias Zeindlers Einschätzung verbinden, dass – gegen allfällige Pädagogisierung und Moralisierung – die zweckfreie, von Handlung entlastete Kontemplation zu fördern sei (Wort im Bild [Anm. 5], 21). Man könnte noch weitergehen und eine gottesdienstliche Alternative von Erbauungsveranstaltung oder Veranstaltung zur grösseren Ehre Gottes aufführen, aber das will ich hier nicht tun.

6   Karl Barth, Das Wort Gottes als Aufgabe der Theologie, 1922. In Vorträge und kleinere Arbeiten 1922–1925 (GA III.19), 152.

Themen, die wir auch in den Fragen nach Verfassung und sozialer Gestalt der sichtbaren Kirche immer wieder bearbeiten müssen, den Fragen nämlich nach der sozialen Gestalt und Wirksamkeit der Organisation Kirche. Die im barthschen Diktum aufscheinende Spannung spiegelt sich in der klassischen Verhältnisbestimmung *ecclesia stricte dicta (invisibilis)* und *ecclesia late dicta (visibilis)*, unsichtbare und sichtbare Kirche. Diese Unterscheidung ist in ihrer Begrifflichkeit aber nicht ganz unproblematisch. Denn einerseits stellt sie die Kirche als Organisation unter steten Generalverdacht, stellt aber nicht ohne weiteres operationalisierbare Kriterien für ihre Gestaltung bereit. Andererseits legt die Begrifflichkeit das fatale Missverständnis nahe, «unsichtbare Kirche» bedeute eine Kirche, die keine Wirkung zeitigt.

In dieser Situation scheint es sinnvoll, einen begrifflichen Vorschlag aufzunehmen, den Hans-Richard Reuter[7] im Rekurs auf Albrecht Ritschl unterbreitet hat. Er zielt darauf, den Begriff der Kirche nicht zwei-, sondern dreigliedrig zu konzeptualisieren, um Verkündigung und Praxis, Glaube und empirisch beschreibbare Gestalt der Kirche angemessener aufeinander beziehen zu können.

Das erste und prinzipielle Moment lässt sich als dogmatischer Kirchenbegriff etikettieren. Hier geht es um das Handeln Gottes, um das im Glauben präsente Verhältnis von Glaubenden und Gott. Kirche erscheint hier als Glaubensgemeinschaft der in Christus versöhnten Verschiedenen, als in Christus verheissene, in Gott unverfügbare und geglaubte Kirche, die im apostolischen Glaubensbekenntnis als eine, heilige, apostolische und ganzheitliche Kirche bekannt wird und als solche Zeichen des kommenden Reiches Gottes ist. Diese Dimension der Kirche ist der soziologischen wie psychologischen Beobachtung nicht verfügbar, sie entsteht in dem Moment, da die äussere Bezeugung des Wortes Gottes einem Menschen durch das innere Zeugnis des Heiligen Geistes als lebensbestimmende Wahrheit erschlossen wird.[8]

Das zweite und sekundäre Moment – das selbstverständlich keine Trennung, sondern lediglich eine Unterscheidung impliziert – the-

---

[7] Hans-Richard Reuter, Der Begriff der Kirche in theologischer Sicht, in: ders./Gerhard Rau/Klaus Schlaich (Hg.), Das Recht der Kirche Bd. 1. Zur Theorie des Kirchenrechts, Gu☐tersloh 1997, 23–75.

[8] Vgl. a.a.O., 48.

matisiert die beobachtbaren menschlichen Reaktionen auf Gottes Handeln. Kirche kommt hier im Kontext gemeinsamer Handlungen in den Blick und ist insofern Gegenstand der Ethik: Daher kann man auf dieser Ebene von einem ethischen Kirchenbegriff sprechen.[9] Hier werden konkrete menschliche Vollzüge benannt, in denen das Ereignis der einen, heiligen, apostolischen und ganzheitlichen Kirche erhofft wird und an denen – nach evangelischer Auffassung – auch äusserlich anschaulich wird (und so zu hoffen steht), dass es hier um die Gemeinschaft der zu Gott Gehörigen, also Kirche geht. In Rekurs auf Friedrich Daniel Ernst Schleiermachers Unterscheidung von darstellendem und wirksamem Handeln[10] – oder, wem die habermassche Typologie lieber ist: von dramaturgischem und teleologischem Handeln[11] – lassen sich explizite und implizite Kirchenkennzeichen unterscheiden. Explizite, dem Bereich des darstellenden Handelns zugehörige Kennzeichen der Kirche sind der reformatorischen Tradition zufolge die Wortverkündigung (im Sinne der menschlichen Bezeugung und Mitteilung des Evangeliums) und Feier von Taufe und Abendmahl (als zeichenhaftes Bekenntnis). Die Taufe ist die symbolische Darstellung der dem Menschen in der Rechtfertigung durch Christus zukommenden neuen Identität, das Abendmahl die symbolische Vergegenwärtigung der solidarischen Gemeinschaft in Christus. Dieser symbolischen Darstellung des gemeindlichen gläubigen Selbstverständnisses lässt sich wirksames Handeln im Sinne impliziter Kennzeichen der Kirche zuordnen: Die Mitteilung des Evangeliums gehört in den weiteren Kontext des gesellschaftlichen Bildungshandelns, die Taufe als zeichenhafte Vergegenwärtigung der personalen Würde in den Kontext des gesellschaftlichen Gerechtigkeitshandelns, das darauf basiert, dass jedem Menschen auf Grund der unverlierbaren Würde ein Anspruch auf gleiche Freiheit und gleiche rechtliche Anerkennung zukommt. Das Abendmahl schliesslich als Darstellung des christlichen Solidaritätsethos macht

---

[9] Vgl. a.a.O., 57–62.

[10] Vgl. F. D. E. Schleiermacher, Die christliche Sitte nach den Grundsätzen der evangelischen Kirche im Zusammenhange dargestellt (hg. v. L. Jonas), SW I. Abt. Bd. 12, Berlin 1843, 45–50.

[11] Vgl. Jürgen Habermas, Theorie des kommunikativen Handelns, Bd. 1, Frankfurt a. M. ⁴1987, 127–128.

auf die Notwendigkeit einer gesellschaftlich institutionalisierten Solidarität aufmerksam.

Das dritte Moment beschreibt die dauerhafte, von der Personalpräsenz bestimmter Individuen unabhängige Koordination der als Reaktion auf Gottes Wirkung gedachten menschlichen Handlungen in Zeit und Raum: Für die dauerhafte Zusammenordnung sozialer Handlungen zu einer Wirkeinheit nach selbstgesetzten Regeln und unter Bestimmung der Mitwirkenden hat sich humanwissenschaftlich der Organisationsbegriff durchgesetzt, hier geht es also um Kirche als Organisation, die sich – wie andere Organisationen in unserer funktional differenzierten Gesellschaft auch – als Verband unter rechtlichen Regeln konstituieren muss, um das entsprechende Handeln auf Dauer stellen zu können.[12] Zwei Dinge sind dabei bedeutsam: Erstens zielt der Begriff der Organisation auf die Koordination von Handlungen, nicht von Personen, und auch rechtliche Regeln zielen auf Handlungen, nicht aber auf Gesinnungen. Aus diesem Grund geht die Kirche nach protestantischem Verständnis niemals in ihrer Organisation auf, denn Wesentliches wird im Organisationsbegriff nicht erfasst und kann darin nicht erfasst werden. Und zweitens ergibt sich daraus weiter, dass die Kirche nicht mit einem rechtlich geregelten Organisationstypus identifiziert werden kann: Denn diese, gleichsam aus der Aussenbeobachtung ansetzenden Kategorien rechnen entweder mit einem als verfügbar auszumachenden externen Träger (Anstalt oder Stiftung) oder führen die Organisation vollständig auf die Selbstorganisation der Mitglieder zurück (Genossenschaft/Verein). Beides aber passt einleuchtenderweise nicht zum dogmatischen und ethischen Kirchenbegriff, sondern bildet nur mehr oder weniger passende Entsprechungsbegriffe. Allerdings lassen sich aus dem dogmatischen und ethischen Kirchenbegriff Kriterien für die Gestaltung der Organisation gewinnen: etwa, dass die Mitgliedschaftsregel möglichst offen verfasst werden sollte oder dass die prinzipielle Gleichrangigkeit der Menschen vor Gott, die das Priestertum zum Allgemeingut der geglaubten Kirche macht, Machtunterschiede nur als funktional, nicht aber als geistlich begründete zulässt und damit demokratische Verfahren bei der Verteilung von

---

[12] Reuter, Begriff der Kirche (Anm. 9), 62–75, spricht an dieser Stelle vom juristischen Begriff der Kirche.

Funktionspositionen nahelegt. Solche Verfahren müssen natürlich auch eine Rolle spielen, wenn über folgenreiche und dauerhafte Handlungen der Organisation selber – etwa den Bau oder Umbau von Gebäuden – zu entscheiden ist.

Das Verhältnis der drei Momente ist gleichsam lexikalisch[13] – das bedeutet, dass die jeweils nachstehenden Momente dem jeweils vorstehenden nicht zuwiderlaufen dürfen, auch wenn sie in ihrer Gestaltung nicht unmittelbar und zwingend aus ihm ableitbar sind. Mit der Unterscheidung zwischen einem dogmatischen und einem ethischen Kirchenbegriff ist zunächst der Tatsache Rechnung getragen, dass Menschen das Wesentliche der einen, heiligen, apostolischen und einheitlichen Kirche in verschiedenen menschlichen Vollzügen dargestellt sehen können, wobei sich natürlich für die jeweilige Darstellung Gründe anführen lassen, in deren Bewertung sich die unterschiedlichen christlichen Bekenntnisgemeinschaften durchaus unterscheiden. Mit der weitergehenden Unterscheidung eines organisatorisch-juristischen Kirchenbegriffs wird die Einsicht berücksichtigt, dass Kirche in unterschiedlichen historischen und sozialen Kontexten unterschiedliche Organisationsformen annehmen kann und muss, in denen sie freilich nicht aufgeht. Indem die Reihenfolge aber festgelegt wird, lassen sich jeweils Kriterien benennen, denen die jeweilige konkrete Gestaltung jedenfalls nicht widersprechen darf.

3. Der dreifache Kirchenbegriff und die Frage nach dem Kirchenraum

Was ist durch diesen Vorschlag in der Frage nach dem Kirchenraum gewonnen? Meiner Wahrnehmung nach zweierlei – einerseits bietet dieses Konzept eine Reihe von Kriterien an, die der Frage nach dem Kirchenraum eine relativ grosse Bandbreite von theologisch akzeptablen Möglichkeiten eröffnen, ohne in Beliebigkeit abzugleiten. An-

---

[13] Den Begriff benutze ich im Anschluss an die Verwendung bei John Rawls, Eine Theorie der Gerechtigkeit, Frankfurt a. M. 1979, 82f., der damit die Reihenfolge seiner Prinzipien kennzeichnet und verdeutlicht, dass Folgen des zweiten Prinzips Verstösse gegen das erste nicht rechtfertigen können, wie auch im Lexikon Wörter mit dem Buchstaben B erst aufgeführt werden, wenn der Buchstabe A abgearbeitet ist.

dererseits sind damit auch Verfahrensvorschläge in der Frage nach dem Umgang mit der konkreten Gestaltungsmacht verbunden, also der Frage, wer eigentlich worüber genau entscheiden soll.

Die Frage, wie der konkrete Kirchenraum einer bestimmten Gemeinde aussehen soll, lässt sich natürlich weder aus einem Glaubensbekenntnis noch aus einem Kirchenbegriff heraus deduzieren. Neben der Berücksichtigung der konkreten Bedürfnisse und Möglichkeiten der Gemeinde und der Perspektiven ihrer architektonischen Bezugnahme – hier ist das aufgenommen, was Matthias Zeindler als Kriterien des Gemeindebezugs und der ästhetischen Formgemässheit fasst[14] – bedarf sie der Konsultation hinsichtlich der Frage, inwiefern hier diejenigen Vollzüge, in denen Kirche greifbar wird – das Hören auf das Evangelium und die Feier von Taufe und Abendmahl als liturgische Kerne des Bildungs-, Gerechtigkeits- und Solidaritätshandelns der Kirche – kontextuell am angemessensten ermöglicht und der Verweis auf die geglaubte Kirche eindrücklich wird. Das kann – je nach historischem, sozialem und kulturellem Kontext der Gemeinde – sehr unterschiedliche Schwerpunkte implizieren, denen baulich entsprochen werden muss. So wäre im konkreten Fall etwa zu erörtern, ob der Kirchenbau vorrangig die verhältnismässig kleine Gruppe der regelmässigen Gottesdienstbesucher bedienen soll, oder ob er auch anderen Mitgliedern oder sogar Nichtmitgliedern Anknüpfungs- und Erfahrungspunkte bietet. Oder es könnte darum gehen, ob nicht ein Gemeindezentrum mit diakonischem Schwerpunkt die Verankerung dieses solidarischen Handelns in den Symbolen etwa des Gemeinschaftsmahls zwingend und einleuchtend veranschaulichen sollte. Eine Stadtakademie wird in ihrer funktionalen Bestimmung zwischen der Verkündigung und der zugehörigen, aber als solchen auch anschaulichen Teilnahme an der gesellschaftlichen Bildungstätigkeit anzusiedeln sein, ein Diakoniezentrum eher die kirchliche Teilnahme am gesellschaftlichen Solidaritäts- und Gerechtigkeitshandeln zum Ziel haben, eine klassische Gemeindekirche als Gottesdienstraum vorrangig im Kontext von Wortverkündigung und sakramentalen Vollzügen stehen. Es ergibt sich so ein breites Spektrum ekklesiologisch verantwortbarer Gestaltungen des Kirchenraums, so dass den konkreten Kontexten und

---

14 Vgl. Zeindler, Wort im Bild (Anm. 5), 22–23.

Anforderungen Rechnung getragen werden kann, ohne in theologische Beliebigkeit abzuleiten (Abb. 3).

Im konkreten Entscheidungsverfahren folgt aus der prinzipiellen Gleichrangigkeit der Kirchen- und Gemeindeglieder die Notwendigkeit, Differenzen in der Gestaltungsmacht zu begründen, und zwar funktional und für demokratische Verfahren der Entscheidungsfindung und Funktionsstellenbesetzung zu sorgen.[15]

Selbstverständlich ist beides nicht einfach. Die oben skizzierten Kriterien bieten einen weiten Möglichkeitsraum, der viel Freiheit in

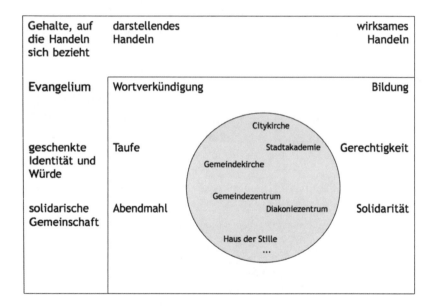

Abbildung 3: Möglichkeiten des Kirchenbaus

der Umsetzung bietet – und je mehr Freiheit man hat, desto anstrengender wird das Leben. Auch die demokratische Regelung der Gestaltungsentscheidungen ist gegenüber der hierarchischen Regelung eher aufwendiger, zumal wenn viele der Mitglieder ihre Gestaltungs-

---

15 Vgl. hierzu auch die Kriterien für die Beziehung von Kunst und Kirche, die Matthias Zeindler (Wort im Bild [Anm. 5], 22f.) aufführt: a. Gemeindebezug (als Prozess zwischen Künstler und Gemeinde); b. Orts- und Funktionsbezug; c. theologischer Sachbezug; d. ästhetischer Formbezug.

rechte gar nicht wahrnehmen oder andere für eine Mehrheit zu sprechen behaupten, die vielleicht so gar nicht existiert. Und schliesslich spielen neben den hier entfalteten, sehr grundlegenden Kriterien auch ökonomische Aspekte und ästhetische Fragen der Architektur und der Präferenzen der Mitglieder eine Rolle – etwa, wenn es darum geht, ob der Gottesdienstraum den Charakter des eigenen kuscheligen Wohnzimmers, einer Gefühle der Erhabenheit einflössenden Kathedrale, einer multifunktionalen Zweckästhetik oder einer zum Denken anregenden Kunsthalle haben soll, ob er die Gemeindeglieder von der sozialen Inszenierung des Gottesdienstes entlasten oder ob er ihnen diese zubilligen soll.

4. Ermächtigung, Bemächtigung und Machtumgang: Bemerkungen zur moralischen Ästhetik

Die technische oder soziale Gestaltung der Welt impliziert Macht, die Christinnen und Christen nicht grundsätzlich ablehnen müssen, weil sie sich von Gott in den Grenzen von Recht, Frieden und damit verantwortlicher Rechenschaft zur Gestaltung der Welt ermächtigt sehen. Umgang mit dem Kirchenraum ist Umgang mit Macht, der prinzipiell also gerechtfertigt, konkret aber – jedenfalls in ethischer Perspektive – stets legitimationspflichtig ist. Ein dreistufiger Kirchenbegriff macht auf die Bedingungen des Umgangs mit sozialer Gestaltungsmacht im Kontext der Kirche aufmerksam.

Wo diese Ermächtigung Bemächtigung im Sinne der Herrschaft bedeutet, ist ein aufmerksames Urteil geboten, das sich an der Unterscheidung von legitimer und illegitimer Herrschaft orientieren muss. Im reformatorischen Raum wird legitime Herrschaft im Bereich der äusseren Glaubensvollzüge in der Regel nicht geistlich, sondern funktional begründet und an Kriterien gebunden, die auf das im Glauben wurzelnde Selbstverständnis der Glaubenden zurückgehen. Aus diesem Grund ist auch in der Frage des Kirchenraums weder ein geistliches autoritatives Urteil einer Organisationsinstanz (zum Beispiel einer Pfarrerin, eines Theologieprofessors oder einer Präses) noch die Beliebigkeit zufälliger Machtverteilung im Gemeindevorstand akzeptabel, sondern die im demokratischen Verfahren menschenmöglich gesicherte Beteiligung aller im Licht der Kriterien, die auf das glaubende Selbstverständnis der Kirche und die gemeinsame

Deutung funktionaler Notwendigkeiten zurückgehen. Gemeinsam mit der Unverrechenbarkeit und Eigendynamik der ästhetischen Gestalt von Kunst und Architektur, die je individuelle und neue Wahrnehmungen hervorbringt, deren Deutungsprozess nicht stillzu-stellen ist, stellen sie theologisch gesehen gleichsam Hürden einer Indienstnahme und Verfügung über das Wort Gottes dar, ohne da-bei jedes menschliche Handeln zu diskreditieren. Unter Berücksich-tigung dieser Kriterien gilt: Im selbstkritischen Vertrauen auf Gott können wir bauen.

«Den Raum deines Zeltes mach weit» – Zur Topographie der Frage nach der Funktion des Kirchenraumes

Frank Mathwig

Frank Mathwig

> «Das Reale ist relational»
> Pierre Bourdieu[1]

1. Gemachter Raum

Die Attraktivität des Raumbegriffs hat nicht zuletzt mit seiner – jenseits von Physik und Mathematik – notorischen Vieldeutigkeit zu tun. Wir assoziieren im und über den sozialen, virtuellen, ästhetischen oder politischen Raum, den Erlebnis-, Erfahrungs-, Verdichtungs- oder Gestaltungsraum. Allein das inflationäre Aufkommen solcher ‹Genitiv-Räume› verweist auf die gegenwärtige Konjunktur des Raumbegriffs. Dass diese Entwicklungen ihre Spuren auch in der Theologie hinterlassen, zumindest aber die Frage nach ihrer theologischen Relevanz provozieren, versteht sich von selbst. Denn ungeachtet der dem Christentum eigentümlichen Tendenz zur Transzendierung des Raumes, ist christliche Kirchengeschichte – biblisch-theologisch mit *dominium terrae* und ökumenischem Missionsbefehl oder politisch mit konstantinischer Wende, Kreuzzügen, Reformation, Kolonialismus und Ökumene – wesentlich die Geschichte der räumlichen Ausdehnung, Bedrohung und Selbstbehauptung der Kirche.

Die folgenden Bemerkungen nähern sich dem Thema in kritisch-thetischer Absicht. Im Vordergrund stehen Überlegungen zu den Konsequenzen kirchlicher Raumvorstellungen für das Verhältnis von Innen- und Aussenraum. Es geht nicht um die Frage, was aktuelle Raumdiskussionen zu einem Kirchenverständnis beitragen, sondern welche ekklesiologischen Vorstellungen mit der Adaption solcher Raumbegriffe transportiert werden (können). Angesichts der hetero-

---

[1] Pierre Bourdieu, Praktische Vernunft. Zur Theorie des Handelns, Frankfurt a. M. 1998, 15.

genen Diskussionslage, der erst am Anfang stehenden theologisch-ekklesiologischen Rezeption und des vorgegebenen Rahmens bieten die folgenden Bemerkungen eine knappe Problemskizze.

Das Thema ‹Raum› ist nicht neu, wohl aber der Stellenwert, der ihm eingeräumt wird. Nach Vorarbeiten etwa von Walter Benjamin, Georg Simmel, Norbert Elias oder Michel Foucault verkünden Raumsoziologie, Raumwissenschaften, Kultur- und Anthropogeographie, Kultur-, Literatur- und Geschichtswissenschaften, Architektur oder Raumplanung seit Ende der 1980er Jahre den *spatial, topographical* oder *topological turn*[2] als rechtmässige Erben des *linguistic turn* (Richard Rorty) und *iconic turn* (Gottfried Boehm).[3] Die «Wiederkehr des Raumes»[4] als «master turn» (Edward W. Soja) der Postmoderne bewegt sich in einem spannungsreichen Politik- und Wissenschafts-milieu.

Denn einerseits erklären Globalisierungspolitiken, Geschichte, Soziologie und Medienwissenschaften nach dem Mauerfall von 1989 die «Deterritorialisierung des Politischen und das Ende des National-staats».[5] Im Blickpunkt steht die *eine* Welt ohne nationale Grenzen und Bodenhaftung, indifferent gegenüber Abstammung, Ethnie, Religion oder Gender. Globalisierung bricht mit der «in den Sozial-wissenschaften tief verankerten Idee des Isomorphismus von Terri-

---

[2] Zu möglichen Unterscheidungen vgl. Jörg Döring/Tristan Thielmann, Einleitung: Was lesen wir im Raume? Der *Spatial Turn* und das geheime Wissen der Geographen, in: dies. (Hg.), Spatial Turn. Das Raumparadigma in den Kultur- und Sozialwissenschaften, Bielefeld 2008, 220–237, und Stephan Günzel, Spatial Turn – Topographical Turn – Topological Turn. Über die Unterschiede zwischen Raumparadigmen, in: Döring/Thielmann (Hg.), Spatial Turn, a.a.O., 7–45.

[3] Die Literatur dazu ist inzwischen unübersehbar, vgl. einführend Doris Bachmann-Medick, Cultural Turns. Neuorientierungen in den Kulturwissenschaften, Reinbek 2006; Döring/Thielmann (Hg.), Spatial Turn (Anm. 2); Jörg Dünne/ Stephan Günzel (Hg.), Raumtheorie. Grundlagentexte aus Philosophie und Kulturwissenschaften, Frankfurt a.M. 2006; Stephan Günzel (Hg.), Raumwissenschaften, Frankfurt a.M. 2009; Elisabeth Jooß, Raum. Eine theologische Interpretation, Gütersloh 2005; Martina Löw, Raumsoziologie, Frankfurt a.M. 2001; Rudolf Maresch/Niels Werber (Hg.), Raum – Wissen – Macht, Frankfurt a. M. 2002; Markus Schroer, Räume, Orte, Grenzen. Auf dem Weg zu einer Soziologie des Raums, Frankfurt a.M. 2006.

[4] Vgl. Karl Schlögel, Wiederkehr des Raumes, in: FAZ vom 19.06.1999.

[5] Schroer, Räume (Anm. 3), 195–207, 195.

torialität, Identität und Kultur».[6] Der «Container Nationalstaat»[7] hat ausgedient. Die «Antiquiertheit der Grenze» bzw. von «Raum und Zeit» bei Günter Anders mündet in die Rede vom «Ende des Raumes» des Medientheoretikers Jean Baudrillard.[8] «Home is where my laptop is», bringt die isländische Künstlerin Björk diese Weltsicht auf den Punkt. Andererseits dokumentieren die politischen Reaktionen auf 9/11 die Aktualität eines – von vielen längst für obsolet erklärten – politischen ‹Raumdenkens›. Der Raum als «Medium des Politischen» (Rudolf Maresch) begegnet in den Phrasen von der «axis of evil» oder des «war on terrorism». Sie sind nicht bloss martialische Metaphern, sondern lassen sich geographisch lokalisieren als jene Territorien (Iran, Irak, Nordkorea und Afghanistan), die – in dieser Weise etikettiert – ‹zum Abschuss freigegeben› sind. Carl Schmitts politisch-theologische Behauptung, dass «*Raum* und *Rom* dasselbe Wort ist»[9], wird an dieser Stelle zur militärischen Strategie in weltpolitischer Absicht.[10]

Bemerkenswert sind die Ereignisse von 1989 und 2001, weil die durch sie symbolisierten oder angestossenen Gegenbewegungen von De- und Reterritorialisierung den Horizont für die aktuellen Raum-Diskurse bilden.[11] Obwohl politisch unverdächtig, erheben ihre

---

6   A.a.O., 161.

7   A.a.O., 161.

8   Vgl. Günter Anders, Die Antiquiertheit des Menschen, 2 Bde., München 1980, Bd. 2: Über die Zerstörung des Lebens im Zeitalter der dritten industriellen Revolution, 208ff. u. 235ff.; Jean Baudrillard, Subjekt und Objekt: fraktal. Vortrag im Kunstmuseum Bern 19. Oktober 1986, Bern 1986, 5.

9   Carl Schmitt, Recht und Raum, in: Tymbos für Wilhelm Ahlmann, Berlin 1951, 241–251, 241; zit. n. Birgit Bieler, Theologische Elemente in Carl Schmitts politischer Philosophie und in seinem Verständnis von ‹Land› und ‹Meer›, in: Leviathan 34/2006, 400–418.

10 Zur Aktualität des Denkens von Carl Schmitt in der US-amerikanischen Aussenpolitik vgl. David Chandler, The Revival of Carl Schmitt in International Relations: The Last Refuge of Critical Theorists?, in: Millenium 37/2008, No. 1, 27–48; Rudolf Maresch, Hard Power / Soft Power. Amerikas Waffen globaler Raumnahme, in: ders./Werber (Hg.), Raum (Anm. 3), 237–262; William E. Scheuerman, Carl Schmitt and the Road to Abu Ghraib, in: Constellations, 13/2006, 108–124; Niels Werber, Krieg und Nicht-Krieg. Anmerkungen zur militärischen Weltraumordnung, in: Maresch/Werber (Hg.), Raum (Anm. 3), 287–306.

11 Schroer, Räume (Anm. 3), 164ff., erklärt die antagonistische Bewegung mit der

Protagonistinnen und Vertreter den Grundgedanken des deutschen Staatsrechtlers von der Nomos-Kontamination des Raumes in den Rang eines Wissenschaftsparadigmas. So formuliert etwa Martina Löw in ihren zusammenfassenden Thesen: «Raum ist eine relationale (An)Ordnung von Lebewesen und sozialen Gütern an Orten. [...] Räume sind institutionalisiert, wenn (An)Ordnungen über individuelles Handeln hinaus wirksam bleiben und genormte Syntheseleistungen und Spacings nach sich ziehen. [...] Die Möglichkeiten, Räume zu konstituieren, sind abhängig von den in einer Handlungssituation vorgefundenen symbolischen und materiellen Faktoren, vom Habitus der Handelnden, von den strukturell organisierten Ein- und Ausschlüssen sowie von den körperlichen Möglichkeiten.»[12]

2. Ordnung

Der zentrale Begriff der «(An)Ordnung» in dem Raumkonzept der Soziologin verweist auf zwei wesentliche Zusammenhänge: die *ordnende Funktion* von Räumen und die *strukturbildenden Handlungsprozesse des Anordnens*. «Räume werden im Handeln geschaffen, indem Objekte und Menschen synthetisiert und relational angeordnet werden.»[13] Interessanterweise klingen solche soziologischen Raumdefinitionen trotz ihres jungen Alters, nicht wirklich neu. Zwar definiert Cicero mit der Beschreibung «compositio rerum aptis et accommodatis locis» (Gruppierung von Dingen an passenden und ihnen zukommenden Stellen)[14] nicht den Raum (*spatium*[15]), sondern die Ord-

---

Enträumlichung und Gleichzeitigkeit moderner Ökonomien – «Die Geschwindigkeit frisst den Raum» (Paul Virilio), Durkheim, Simmel, Giddens, Luhmann – und der Räumlichkeit von Politik – *agora* als der öffentliche politische Raum, Arendt, Habermas, Baumann.

[12] Löw, Raumsoziologie (Anm. 3), 271f. Unter «Spacing» versteht die Soziologin das «Platzieren von sozialen Gütern und Menschen bzw. das Positionieren primär symbolischer Markierungen, um Ensembles von Gütern und Menschen als solche kenntlich zu machen (zum Beispiel Ortseingangs- und Ausgangsschilder).» (158).

[13] A.a.O., 204.

[14] Cicero, De officiis I,40,142.

[15] Der lateinische Ausdruck *spatium* (von dem die Wörter *espace* oder *space* abgeleitet sind) dient zu Bezeichnung der offenen Lauf- oder Kampfbahn, aber auch eines

nung (*ordo*),[16] aber die Ähnlichkeiten sind unverkennbar.[17] Vor allem lenken die Bestimmungen von Cicero und Augustinus den Blick auf die Frage nach dem ordnenden Subjekt respektive der ordnenden Instanz, die bei Löw nicht auftaucht. Entsprechend spielt auch der Machtbegriff in dem Konzept der Soziologin keine explizite Rolle, wenngleich er mit der dominanten Stellung des Handlungsbegriffs – vor allem in der These vom «*Ort*» als «*Ziel und Resultat der Platzierung*»[18] – ständig präsent ist. Die Frage liegt nahe, ob das Raumverständnis Löws – das hier exemplarisch für viele andere Vorschläge stehen soll – nicht einen Machtbegriff okkupiert oder substituiert,[19] nach dem – aus so unterschiedlichen Perspektiven wie denen von

---

bestimmten Zeitraumes. Bis ins 16. Jahrhundert kann *espace* «neben einem Raum für freie Bewegung, wovon sich u. a. das deutsche ‹spazieren› herleitet, auch ein zeitliches Intervall bezeichnen»; Jörg Dünne/Stephan Günzel, Vorwort, in: dies. (Hg.), Raumtheorie (Anm. 3), 9–19, 10.

16 Vgl. auch die Ordo-Definition von Augustinus, De civitate Dei XIX, 13: «Ordo est parium dispariumque rerum sua cuique tribuens loca dispositio» (Ordo ist die Zusammenstellung gleicher und ungleicher Dinge durch Zuweisung des einem jeden zukommenden Standortes). Michel Foucault, Von anderen Räumen, in: Dünne/Günzel (Hg.), Raumtheorie (Anm. 3), 317–327, 318f., unterscheidet zwischen der mittelalterlichen Vorstellung vom «Raum der Lokalisierung» mit Orten, «an denen die Dinge ihren natürlichen Platz und ihre natürliche Ruhe fanden», dem galileiischen Raum der «Ausdehnung» und dem modernen Raum der «Lage», die bestimmt wird «durch Nachbarschaftsbeziehungen zwischen Punkten oder Elementen […]. […] Wir leben in einer Zeit, in der sich uns der Raum in Form von Relationen der Lage darbietet.»

17 Noch deutlicher zeigen sich die Analogien zu Pierre Bourdieus Raumbegriff, an den Löw anschliesst; vgl. ders., Physischer, sozialer und angeeigneter physischer Raum, in: Martin Wentz (Hg.), Stadt-Räume. Die Zukunft des Städtischen, Frankfurt a.M., New York 1991, 25–34, 29: «Der auf physischer Ebene realisierte (oder objektivierte) soziale Raum manifestiert sich als die im physischen Raum erfolgte Verteilung unterschiedlicher Arten gleichermassen von Gütern und Dienstleistungen wie physisch lokalisierter individueller Akteure und Gruppen (im Sinne von an einem ständigen Ort gebundenen Körpern beziehungsweise Körperschaften) mit jeweils unterschiedlichen Chancen der Aneignung dieser Güter und Dienstleistungen.»

18 Löw, Raumsoziologie (Anm. 3), 198.

19 Vgl. in diesem Zusammenhang etwa den Machtbegriff von Michel Foucault, Der Wille zum Wissen. Sexualität und Wahrheit 1, Frankfurt a.M. 1997, 113: Macht meint «die Vielfältigkeit von Kräfteverhältnissen, die ein Gebiet bevölkern und organisieren; das Spiel, das in unaufhörlichen Kämpfen und Auseinandersetzungen diese Kräfteverhältnisse verwandelt, verstärkt, verkehrt».

Spinoza, Arendt, Foucault oder Luhmann – «Macht als Konstitution»[20] von politischer und gesellschaftlicher Ordnung aufgefasst wird: «Wer Macht sagt, sagt auch Gesellschaft, doch wer Gesellschaft sagt, sagt immer auch Macht. [...] Macht wird gemacht. [...] Die Macht ist immer schon da. [...] Macht ist eine zentrale Form der Vergesellschaftung.»[21] Systemtheoretisch besteht die Funktion von Macht «in der Regulierung von Kontingenz». «Macht steigt mit Freiheiten auf *beiden* Seiten, steigt zum Beispiel in einer Gesellschaft in dem Masse, als sie Alternativen erzeugt.»[22] Aus handlungstheoretischer Perspektive kann Macht als eine Form menschlicher Beziehungen beschrieben werden, «in denen der eine das Verhalten des anderen zu lenken versucht». Machtbeziehungen kann es «nur in dem Masse geben [...], in dem die Subjekte frei sind. Wenn einer von beiden vollständig der Verfügung des anderen unterstünde und zu dessen Sache geworden wäre, ein Gegenstand, über den dieser schrankenlose und unbegrenzte Gewalt ausüben könnte, dann gäbe es keine Machtbeziehungen. [...] Das heisst, dass es in Machtbeziehungen notwendigerweise Möglichkeiten des Widerstands gibt.»[23]

Unabhängig von ihren Inhalten und möglichen wechselseitigen Bezügen gilt *formal* für den Raum- und Machtbegriff, dass man sich

---

[20] Martin Saar, Macht und Kritik, in: Rainer Forst et al. (Hg.), Sozialphilosophie und Kritik, Frankfurt a.M. 2009, 567–587, 575. Saar stellt dieses Machtverständnis idealtypisch der in der Sozialtheorie «dominierenden instrumentalistische[n], individualistische[n] und handlungstheoretische[n] Rede von Macht» (572) gegenüber, wie sie klassisch von Max Weber formuliert wurde.

[21] Wolfgang Sofsky/Rainer Paris, Figurationen sozialer Macht. Autorität – Stellvertretung – Koalition, Frankfurt a.M. 1994, 9–11.

[22] Niklas Luhmann, Macht, 2., durchges. Aufl., Stuttgart 1988, 10f.; vgl. 17: «Die Interferenz legitimer Gewalt ist grösser; man kann sie nicht wegdenken, ohne dass fast das gesamte normale gesellschaftliche Leben gestört und transformiert würde.»

[23] Michel Foucault, Die Ethik der Sorge um sich als Praxis der Freiheit, in: ders., Analytik der Macht, Frankfurt a.M. 2005, 274–300, 288. Foucault nimmt – bei allen Unterschieden – die bekannte Unterscheidung von Max Weber, Wirtschaft und Gesellschaft. Grundriss der verstehenden Soziologie (1922; 5., rev. Aufl. 1976, 28), zwischen Macht und Herrschaft auf: «*Macht* bedeutet jede Chance, innerhalb einer sozialen Beziehung den eigenen Willen auch gegen Widerstreben durchzusetzen, gleichviel worauf diese Chance beruht. *Herrschaft* soll heissen die Chance, für einen Befehl bestimmten Inhalts bei angebbaren Personen Gehorsam zu finden.»

bei deren Gebrauch permanent mit der Herausforderung konfrontiert sieht, sich gegen dichotome Missverständnisse zu wehren: gegen einen *absoluten Raumbegriff*, nach dem «Raum eine eigene Realität jenseits des Handelns der Körper oder der Menschen zugeschrieben» oder «der dreidimensionale euklidische Raum als unumgängliche Voraussetzung jeder Raumkonstruktion angenommen wird»,[24] und gegen einen *hermetischen Machtbegriff*, nach dem Macht als «Eigenschaft oder Handlungsfähigkeit von Individuen allein» oder als «zu verteilendes knappes Gut»[25] verstanden wird. Der Kritik an substanzialistischen Raumvorstellungen entspricht diejenige an einem individualistischen Machtbegriff. Raum und Macht werden – positiv gewendet – als Beschreibungskategorien sozialer Verhältnisse expliziert.

3. Orientierung

Orte sind Gegenstände von Kommunikation, bei denen sinnvoll die Frage ‹Wo …?› gestellt werden kann. Die fragende Person setzt sich damit in eine – durch die Motive ihres Fragens näher bestimmte – *Beziehung* zum Erfragten. Ich stehe ‹hier›, meine Frage richtet sich auf irgendein ‹Dort›. Die Relation zeigt sich etwa beim Blick auf den Stadtplan einer Infowand, auf dem – im günstigen Fall – nicht nur die gesuchte Örtlichkeit verzeichnet ist, sondern auch der – mit einem roten Punkt oder Pfeil markierte – ‹eigene Standort›. In der Verbindung zwischen dem eigenen Ort ‹hier› und dem gesuchten Ort ‹dort› erhält der durch den Stadtplan symbolisierte Raum eine spezifische – intentional erzeugte – Struktur. Die «Konstituierung» (Löw) von Raum durch die Platzierung von Elementen im Verhältnis zu anderen Verortungen ist ein aktiver Ordnungsprozess, der nicht um seiner selbst willen vorgenommen wird, sondern der – wenn eine Struktur entsteht, wahrgenommen und verstanden wird – Orientierung schafft bzw. ermöglicht.

«Beim Unternehmen der Orientierung geht es darum, dass man sich *auf* einer Fläche oder *in* einem Raum befindet und sich *an* etwas

---

24 Löw, Raumsoziologie (Anm. 3), 63.
25 Saar, Macht (Anm. 20), 574.

ausrichtet».[26] *Orient*-ierung meint – ursprünglich nichtreflexiv – die geographische Positionierung (Ostung) der Kirchenapsis nach der Himmelsrichtung des Sonnenaufgangs und des Standortes von Jerusalem. Orientierung – im übertragenen, reflexiven Sinne des Sich-in-der-Welt-Orientierens – bedarf «zweier Voraussetzungen: eines Raumes einerseits, einer Methode zur Koordinierung und zur Bestimmung der Position innerhalb des Raumes andererseits».[27] Aus der Perspektive des sich orientierenden Subjekts geht es darum, die Welt «in einer sinnvollen Weise zu *ordnen* sowie sich individuell und gemeinsam in ihr zu *orten*».[28]

Sich in einer Ordnung «*selbst zu orten*», bedeutet, prinzipiell in der Lage zu sein, anzugeben, «wo und wie wir selbst in den von ihr beschriebenen Verhältnissen loziert sind. Nur eine Karte, die uns nicht nur sagt, wie man von A nach B kommt, sondern bei der wir auch anzugeben vermögen, wie wo wir uns relativ zu A und B befinden, ermöglicht es, uns mit ihrer Hilfe zu orientieren.»[29] Erst die *Ortung* in einer *Ordnung* ermöglicht *Orientierung*. Das *Bestimmte* einer Ordnung und das *Bestimmbare* der Verortung darin bildet die Voraussetzung für das *Bestimmt sein* durch die Ordnung. In all dem schwingt ein Machtbegriff immer schon mit, insofern Macht als selektives Kommunikationsmedium[30] die Komplexität kontingenter Ordnungen[31] – die stets durch andere ersetzt werden können[32] – reduziert. Es geht mit

---

[26] Dieter Thomä, Selbstbestimmung und Desorientierung des Individuums in der Moderne, in: Werner Stegmaier (Hg.), Orientierung. Philosophische Perspektiven, Frankfurt a.M. 2005, 289–308, 289.

[27] A.a.O., 289.

[28] Ingolf U. Dalferth, Leben angesichts des Unverfügbaren. Die duale Struktur religiöser Lebensorientierung, in: Stegmaier (Hg.), Orientierung (Anm. 26), 245–266, 245.

[29] A.a.O., 246.

[30] Vgl. Luhmann, Macht (Anm. 22), 11.

[31] Zur Mehrfachkodierung und Mehrfachkontingenz von Ordnung vgl. Dalferth, Leben (Anm. 28), 246ff.

[32] Vgl. a.a.O., 247: «Keine Ordnung kann alles ordnen. Jede Ordnung ist von einem Standpunkt aus entworfen, der sich nicht *in* dieser Ordnung befindet, sondern der Ort ist, von dem aus sie konzipiert ist. Orientierungstaugliche Ordnungen (der Welt, des Lebens, einer lokalen Umgebung, eines sozialen Feldes usf.) gibt es nur in Gestalt von *Ordnungsentwürfen* (Orientierungsschemata). [...] Zu jeder Ordnung gibt es daher Alternativen, insofern sich von anderen Stand-

anderen Worten um die Bestimmung von Relation und Differenz. Aber ganz einfach gefragt: Was hat die geographische Beziehung zweier Punkte im Raum mit dem Verhältnis zwischen Personen zu einem Zeitpunkt zu tun? Dazu zwei kurze Assoziationen:

Auf die eben gestellte Wo-Frage sind verschiedene Antworten möglich, etwa: ‹Dort!›, ‹Hier lang!›, ‹Keine Ahnung!›, ‹Kenne ich nicht!› oder ‹Gibt es nicht!›. Die Antworten spiegeln die machtsoziologisch wichtige Unterscheidung zwischen den relationalen Kategorien von *Anwesenheit* und *Abwesenheit* wider, die nicht mit einem physischen Vorhanden- bzw. Nichtvorhandensein verwechselt werden dürfen. Entweder der erfragte Ort existiert und ist bekannt oder er existiert, aber ist unbekannt, oder er existiert nicht (jedenfalls nicht als sichtbares Objekt), aber ist dennoch bekannt, oder er existiert weder noch ist er bekannt. Machtvolle Präsenz zeigt sich ebenso im Raum, wie – unter Umständen – in einer ebenso wirkmächtigen Abwesenheit.

Um Macht geht es auch in der räumlichen Unterscheidung zwischen *drinnen* und *draussen*. Das Schild vor dem Lebensmittelladen mit dem Hundesymbol und der Aufschrift «Wir müssen draussen bleiben» regelt eine soziale Beziehung. Über Macht verfügt, wer solche Regeln setzen und ihre soziale Geltung durchsetzen kann. Entscheidend dabei ist, dass mit Hilfe der Kodierung *Zugehörigkeit* (Inklusion) und *Ausschluss* (Exklusion) Gemeinschaft konstituiert wird. Die Macht besteht darin, die Aufnahmekriterien zu definieren und die Anerkennung ihrer Geltung – auch gegenüber den Abgewiesenen – durchzusetzen.

4.   Das Aussen des Innen

Wie ist die Rede von Kirchen*räumen* mit den eben skizzierten Raumtheorien, -konzepten und -diskussionen verbunden? Wenn nicht von genuinen, völlig eigenständigen Vorstellungsgehalten ausgegangen wird, also der Ausdruck ‹Raum› im Begriff ‹Kirchenraum› nicht lediglich metaphorische Bedeutung hat, muss das theologisch-ekkle-

---

punkten aus die Verhältnisse zwischen Phänomenen nicht nur anders beschreiben lassen, sondern auch andere Verhältnisse beschrieben werden können.»

siologische Thema in der Raumdiskussion verortet bzw. dazu in ein Verhältnis gesetzt werden. Diese Aufgabenstellung soll im Folgenden exemplarisch und im Blick auf die oben aufgeworfene Frage nach der Innen-aussen-Relation skizziert werden.

Der Artikel ‹Kirchenbau› der RGG[4] beginnt mit der Definition: «K[irchenbau] bedeutet die räumliche Umhüllung der gemeinschaftlichen christl[ichen] Abendmahlsfeier, um diese zu schützen bzw. auch hervorhebend vom Aussen abzusondern».[33] Die Formulierung der Funktion von Kirchenbauten entspricht im Kern Michel Foucaults Bestimmung der Disziplinartechnik der «Klausur»: Klausur meint «die bauliche Abschliessung eines Ortes von allen anderen Orten». Die «*Kunst der Verteilung*»[34] der Individuen im Raum (parzellierter Disziplinarraum: «Jedem Individuum seinen Platz und auf jeden Platz ein Individuum»[35]) schafft eine Ordnung nach Funktion und Rang. Die präzise Verortung der Individuen mit Hilfe einer «Taktik ständiger Lokalisierbarkeit»[36] macht sie nicht nur problemlos auffindbar, sondern auch permanent ansprechbar. Was damit gemeint ist, hat der französische Sozialphilosoph in seinen historischen Untersuchungen etwa über Gefängnisse und psychiatrische Kliniken gezeigt. Wie er mit Hilfe seines Konzepts der «Heterotopien» verdeutlicht, kommt nicht jede rein, aber auch nicht jeder raus – zumindest nicht in jedem Fall.[37] Der Türsteher hat die Macht, nicht nur an der Himmelspforte oder vor der Disco. Und er kann auf beiden Seiten der Tür postiert sein. Strukturierter Raum als ein abgegrenzter

---

33 Christian Freigang, Kirchenbau I. Allgemein, in: RGG[4], Bd. 4, Tübingen 2001, 1059–1061 (1059).

34 Michel Foucault, Überwachen und Strafen. Die Geburt des Gefängnisses, Frankfurt a. M. 1994, 181.

35 A.a.O., 183.

36 Michael Ruoff, Foucault-Lexikon, Paderborn 2007, 102.

37 Vgl. Foucault, Von anderen Räumen (Anm. 16), 320.325: «Heterotopien» sind Gegenorte der Gesellschaft, «tatsächlich verwirklichte Utopien, in denen die realen Orte, all die anderen realen Orte, die man in der Kultur finden kann, zugleich repräsentiert, in Frage gestellt und ins Gegenteil verkehrt werden. [...] Heterotopien setzen stets ein System der Öffnung und Abschliessung voraus, das sie isoliert und zugleich den Zugang zu ihnen ermöglicht. Einen heterotopen Ort betritt man nicht wie eine Mühle. Entweder wird man dazu gezwungen wie im Fall der Kaserne oder des Gefängnisses, oder man muss Eingangs- und Reinigungsrituale absolvieren.»

Ort entsteht durch Diskriminierung im ursprünglichen Sinne von ‹trennen›, ‹absondern›, ‹unterscheiden›.

Jedes Innen verweist notwendig auf ein Aussen. Die Rede vom Innen-Raum setzt einen Aussen-Raum voraus, wobei der Standpunkt festlegt, was als innen und was als aussen erscheint. Nur das Innen kennt ein Aussen. Kein Innen entsteht einfach durch Abgrenzung von einem Aussen. Semantisch gewendet: «ohne ‹Text› gibt es auch keinen Kontext, und für jeden Text gibt es einen entsprechenden (anderen) Kontext».[38] Auch die Ausgeschlossenen verfügen über eine Innenperspektive, freilich ist die in der Regel weder freiwillig, noch komfortabel. Insofern muss die eben zitierte Definition von Kirchenbau ergänzt werden. Kirchen haben nicht nur ein theologisch, funktionalistisch oder anders bestimmtes Innen. Als Bauwerke – zunächst ganz basal im Sinne physikalischer Körper – haben sie eine Masse und nehmen einen Raum ein. Damit unterliegen sie dem allgemeinen physikalischen Gesetz, dass wo ein Körper ist, kein anderer Körper sein kann. Dem physikalischen Prinzip entspricht eine gesellschaftliche und politische Logik der «Ausschliesslichkeit»,[39] die uns spätestens seit den jüngsten Kontroversen um die Lufthoheit religiöser Türme vertraut ist: Wo ein Kirchturm steht, kann kein Minarett stehen.

Allerdings stösst diese physikalische Korrespondenz des Sozialen bei sakralen Bauten schnell an ihre Grenzen. Bekanntestes Beispiel dafür ist die Giralda, der Turm der Kathedrale von Sevilla, der bis 1248 ein Minarett war. Zudem besteht – aus entgegengesetzter Perspektive – die Pointe des Resultats der schweizerischen Volksabstimmung über den Bau von Minaretten vom Herbst 2009 gerade darin, dass auch dort, wo *keine* Kirche steht, kein Minarett stehen soll. Der Raum kommt hier als Gegenstand eines *Anspruchs* in den Blick, der – wie die in dem Zusammenhang vorgetragenen Appelle an die «eigene christliche Tradition» nahelegen – in der Verteidigung einer *Normalität des Raumes* besteht.

---

[38] Elena Esposito, Virtualisierung und Divination. Formen der Räumlichkeit der Kommunikation, in: Rudolf Maresch/Niels Werber (Hg.), Raum (Anm. 3), 33–48, 33.

[39] A. a. O., 36.

5.   Entgrenzung

Die (normative) Macht der Normalität des Raumes zeigt sich gerade in der Abwesenheit einer normierenden Hierarchie oder Autorität. Der Souverän ist nicht souverän, sondern buchstäblich *gewöhnlich*. Die *Macht* der Gewohnheit zeigt sich als «Disziplinarmacht» internalisierter *Gewohnheiten*.[40] Die Konfundierung der gewöhnlichen bzw. gewohnten Silhouette westlicher Städte mit dem Gedanken der identitätsstiftenden «christlichen» Tradition kann in diesem Zusammenhang als Hinweis auf die Durchlässigkeit von Kirchenmauern gedeutet werden. Die Grenze zwischen kirchlichem Innen- und Aussenraum ist – soziologisch betrachtet – porös. Der interreligiöse Konflikt am Himmel verweist auf ein *normatives Ausdehnungsproblem von Kirche im pluralen Raum*. Der irdische «Heimvorteil» christlicher Kirchen muss zumindest aus biblischer und reformatorisch-kirchlicher Sicht irritieren. Es stellt sich die Frage, ob eine solche Identifikation von Kirche und geographisch-politischem Raum nicht das Symptom für ein verkürztes Kirchenverständnis bzw. einen ekklesiologischen Kategorienfehler darstellt.

Hans-Richard Reuter bemerkt zum dogmatischen Begriff der Kirche: «Die Kirche ist immer Gemeinschaft leibhaftig kommunizierender Menschen und unverfügbare Wirkung des Geistes; darum ist für das evangelische Kirchenverständnis die Dialektik von leiblich-äusserer Sichtbarkeit und geistlicher Verborgenheit der Kirche unaufgebbar.»[41] Kirche wird hier bestimmt als Kommunikation von Anwesenden, mit anderen Worten als Präsenz im räumlichen und Präsens im zeitlichen Sinne. Gegenwärtigkeit erzeugt Anwesenheit. Die Kommunikation beruht auf einer «Semantik der Einschliessung» oder, in Abwandlung eines Gedankens von Johannes Fischer, die

---

[40] Vgl. aus historischer Sicht Michel Foucault, Die Macht und die Norm, in: ders., Mikrophysik der Macht. Über Strafjustiz, Psychiatrie und Medizin, Berlin 1976, 114–123, 123: «Das, wodurch die Macht im 19. Jahrhundert wirkt, ist die Gewohnheit, die bestimmten Gruppen auferlegt wurde. Die Macht kann ihren Aufwand von früher aufgeben. Sie nimmt die hinterlistige, alltägliche Form der Norm an, so verbirgt sie sich als Macht und wird sich als Gesellschaft geben.»

[41] Hans-Richard Reuter, Der Begriff der Kirche in theologischer Sicht, in: Gerhard Rau/Hans-Richard Reuter/Klaus Schlaich (Hg.), Das Recht der Kirche, Bd. 1: Zur Theorie des Kirchenrechts, Gütersloh 1997, 23–75, 49.

Kommunizierenden verorten sich im Raum des Kommunizierten. Damit wird der Raum zu einem unabgeschlossenen, weil die Anwesenden ihn weder konstituieren noch über ihn verfügen. Die Verortung der christlichen Gemeinde ist – anders gesagt – geistlich, nicht räumlich-geographisch. Reuter hat im Zusammenhang auf die Unterscheidung zwischen der Unsichtbarkeit der geglaubten und der Sichtbarkeit der real existierenden Kirche eine wichtige Präzisierung vorgenommen: «Aus dem geistlichen Charakter der Glaubensgemeinschaft folgt nicht deren Unsichtbarkeit, sondern lediglich deren Unabgegrenztheit.»[42] Diese Unabgegrenztheit macht den Kirchenraum – im Sinne des sichtbaren, auf einem Stadtplan zu identifizierenden Ortes – zu einem fragmentarischen und in gewisser Weise zu einem beliebigen. Auch die sich hinter gemauerten Wänden und unter geschlossenen Dächern versammelnde Gemeinde ist und bleibt das «wandernde Gottesvolk» (*peregrinari super terram*), das in der Erkenntnis lebt, «wir haben hier keine bleibende Stadt, sondern die zukünftige suchen wir» (Hebr 13,14).[43]

Es stellt sich die Frage, ob der lexikalisch gestufte Kirchenbegriff Reuters nicht auch Anhaltspunkte für ein differenziertes Verständnisses von Kirchenraum bietet. Der Kirchenraum wäre dann angemessen als *jeweils* spezifischer Ort in einem gemeinsamen Raum zu lokalisieren und zu beschreiben. Dort gründet Zugehörigkeit nicht in einer räumlichen Innen-aussen- oder sozialen Inklusion-Exklusion-Dichotomie, sondern in den *Beziehungen zwischen Menschen*, die unabhängig von ihrer räumlichen *Anwesenheit an einem bestimmten Ort* (vgl. Mt 18,20) bestehen. Zugespitzt: Nicht wo ein Kirchgebäude steht, sondern wo «der Wind weht» (Joh 3,8), da ist die christliche Gemeinde im Geist Gottes versammelt. Kirche als «Interims-Institution» (Christoph Schwöbel) befindet sich notwendig in einem *Zwischen-Raum*.

---

[42] A. a. O., 51.

[43] Vgl. Johannes Calvin, Unterricht in der christlichen Religion. Institutio Christianae Religionis (1559), Neukirchen-Vluyn 2008, II, 20,30: «Wie nun Gott den Gläubigen das gemeinsame Gebet in seinem Wort gebietet, so müssen auch öffentliche Kirchengebäude da sein, die zum Vollzug dieser Gebete bestimmt sind. […] Dann müssen wir uns aber auf der anderen Seite hüten, sie nicht etwa, wie man das vor einigen Jahrhunderten angefangen hat, für Gottes eigene Wohnstätten zu halten, in denen er sein Ohr näher zu uns kommen liesse; auch

6.   Der Raum der Kirche in der Zeit

Bezeichnenderweise beginnt die Geschichte Gottes mit den Menschen mit einem Ortswechsel bzw. -verlust, der Vertreibung aus dem Paradies. Daran schliesst sich eine lange Phase von Ortlosigkeit bzw. Fremdheit, Flucht, Wanderung und Raumeroberung («Landnahme») an. Am Anfang der Biographie des menschgewordenen Gottessohnes steht ebenfalls ein Raumproblem (Lk 2,7) samt anschliessender Verfolgung. Dem Fehlen eines Aufenthaltsortes korrespondiert theologisch eine prekäre – weil desorientierende – menschliche Verortung. Die Bibel berichtet davon, «wie die Menschen in dem Netzwerk der Beziehungen disloziert werden, weil sie sich falsch auf die Koordinaten ihrer Existenz beziehen. Dadurch dass sie die angemessene Beziehung zum Grund und Ziel des Seins aus dem Blick verlieren, verlieren sie auch ihren richtigen Ort in allen anderen kosmischen, gesellschaftlichen und personalen Beziehungen. Die religiösen Symbole des Falls und die Rede von der Sünde bringen diese *Dislokation* zum Ausdruck.»[44] Ortlosigkeit und Ortsverlust stehen am Anfang des versöhnenden Heilshandelns Gottes in der Welt. «Religiöse Erzählungen über Versöhnung, Befreiung und Heil haben die Überwindung der Dislokation durch die *Relokation* von Menschen in den angemessenen Beziehungen zum Ursprung und Ziel allen Seins, zur Welt und zu sich selbst zum Inhalt.»[45] Verortung im Sinne einer solchen «Relokation» meint die Orientierung an einem Ort, «dessen Koordinaten in Beziehung zur Welt und ihrer Beziehung zum Grund und Ziel des Seins, des Seins der Welt und ihres eigenen Seins vermittelt».[46] Wie muss sich dieser spezifische Transzendenzbezug in der Vorstellung vom Kirchenraum widerspiegeln?

---

sollen wir ihnen nicht irgendwie verborgene Heiligkeit andichten, die unser Gebet bei Gott geheiligter machte. Denn wir sind doch selbst Gottes wahre Tempel.»

[44]   Christoph Schwöbel, Die Kirche als kultureller Raum. Eschatologie und Ekklesiologie, in: ders., Christlicher Glaube im Pluralismus. Studien zu einer Theologie der Kultur, Tübingen 2003, 361–388, 366.

[45]   Ebd.

[46]   Ebd., vgl. Christoph Schwöbel, Menschsein als Sein-in-Beziehung. Zwölf Thesen für eine christliche Anthropologie, in: ders., Gott in Beziehung. Studien zur Dogmatik, Tübingen 2002, 193–226.

Die *zukunfts*gerichtete eschatologische Dimension der *Gegenwart* bildet längst nicht die einzige Herausforderung für ein theologisch-ekklesiologisches Raumdenken. Eine andere besteht in den – in Karl Barths Auslegung der Confessio Scotica von 1560 herausgearbeiteten – *drei Dimensionen des Gottesdienstes*: «[…] die reformierte Lehre kennt nicht nur den Gottesdienst des christlichen Lebens und nicht nur den kirchlichen Gottesdienst in dem engeren Sinn des Begriffs […]; sie kennt auf einer dritten Ebene der Betrachtung der Wirklichkeit auch einen *politischen* Gottesdienst.» Die Kirche »nimmt auch ihre Ordnung, die politische Ordnung, in Anspruch als eine *gottesdienstliche* Ordnung […]. Nur äusserliches Recht, äusserlicher Friede, äusserliche Freiheit kann hier geschaffen und erhalten werden».[47] Welche Bedeutung hat das theologische Verständnis von Kirche im Anschluss an den Verwerfungssatz von Barmen II, dass es «keine Bereiche unseres Lebens» gibt, «in denen wir nicht Jesus Christus, sondern anderen Herren zu eigen wären»[48] für das Nachdenken über Kirchenräume und wie können die ekklesiologischen Einsichten für ein theologisches Raumdenken fruchtbar gemacht werden?

Eine dritte Herausforderung, die an dieser Stelle genannt werden soll, betrifft die konstitutive Bedeutung der Kategorien «Erinnerung, Verheissung, Hoffnung und Zuversicht, Gottes Mitgehen und Vorausgehen, Anfang, Ziel und Ende»[49] für den christlichen Glauben, die die «fundamental wichtige Einsicht wider[geben], dass in bezug auf das Verständnis Gottes die Zeit vor dem Raum Priorität hat. […] Die zeitlich-geschichtliche Dimension ist formal ein unveränderliches Kennzeichen Israels und der Kirche.»[50] Die Fokussierung auf

---

[47] Karl Barth, Gotteserkenntnis und Gottesdienst nach reformatorischer Lehre. Gifford-Lectures über das Schottische Bekenntnis von 1560 gehalten an der Universität Aberdeen im Frühjahr 1937 und 1938, Zollikon-Zürich 1938, 206f.

[48] Barmer Theologische Erklärung, zit. n. Carsten Nicolaisen, Der Weg nach Barmen. Die Entstehungsgeschichte der Theologischen Erklärung von 1934, Neukirchen-Vluyn 1985, 176.

[49] Dietrich Ritschl, Vorsprachliches, Räumliches, Zeitliches. Zur Phänomenologie des Glaubens, in: ThZ 55 (1999), 165–175, 169.

[50] Dietrich Ritschl, Zur Logik der Theologie. Kurze Darstellung der Zusammenhänge theologischer Grundgedanken, München 1984, 84f.; vgl. ders., Gott wohnt in der Zeit. Auf der Suche nach dem verlorenen Gott, in: Hermann Deuser et al. (Hg.), Gottes Zukunft – Zukunft der Welt. FS Jürgen Moltmann, München 1986, 250–261; ders., Gottes Wohnung in der Zeit. Eine Anwendung der

Raumfragen provoziert nicht nur Ritschls Kritik an einer Konzentration auf die «Frage nach dem ‹jetzt Dringlichen›», bei der «die Zeit und die Perspektiven verloren [gehen]».[51] Vielmehr geht es dem Theologen um eine grundsätzliche Zurückweisung eines räumlichen Redens von Gott: «Gott wohnt in der Zeit, er bewegt sich nicht im Raum, weil er der Raum ist, in dem wir uns bewegen. [...] Im Lichte der biblischen Passagen und theologischen Fragmente aus der Tradition der Kirche über Behütung und Bewahrung ist es hilfreicher zu sagen, dass Gott unsere Zeiten behütet, beschützt und lenkt, nicht aber unsere Bewegungen und unser Schicksal im Raum, den er uns als ‹sich selbst› geschenkt hat.»[52] Dieser Raum ist – darin würde Ritschl der Existenzphilosophie seit Nietzsche zustimmen – der Ort des sich zu sich selbst verhaltenden, «unbehausten Menschen».[53] So kommt eine Antwort auf die theologische Raumfrage nicht um eine Auseinandersetzung mit der Kierkegaardschen Formel des menschlichen Selbst herum: «[...] indem es sich zu sich selbst verhält, und indem es es selbst sein will, gründet sich das Selbst durchsichtig in der Macht, welche es gesetzt hat.»[54]

Gegen diese dreifache Provokation des Raumes durch die Zeit könnte eingewandt werden, dass es in den drei genannten Herausforderungen um christologische, rechtfertigungstheologische und eschatologische Fragestellungen geht und nicht um Kirchenräume. Dass Kirchenbauten Menschenwerk sind, machen ihre ästhetisch mehr oder weniger gelungenen Architekturen unmittelbar deutlich.

Metaphorik der Zeit auf Gottes Präsenz und auf gelingendes Leben, in: ÖR 49/2000, 149–160, sowie Ingrid Schoberth, ‹Du stellst meine Füsse auf weiten Raum› – Raummetaphern und leibhaftiges Leben, in: Reinhold Bernhardt/Ulrike Link-Wieczorek (Hg.), Metapher und Wirklichkeit. Die Logik der Bildhaftigkeit im Reden von Gott, Mensch und Natur. FS Dietrich Ritschl, Göttingen 1999, 240–251.

[51] Ritschl, Logik (Anm. 50), 122.

[52] Ritschl, Gottes Wohnung (Anm. 50), 155.

[53] Vgl. Annemarie Pieper, Der unbehauste Mensch. Das Menschenbild in der Existenzphilosophie, in: Michael Graf/Frank Mathwig/Matthias Zeindler (Hg.), ‹Was ist der Mensch?› Theologische Anthropologie im interdisziplinären Kontext. FS Wolfgang Lienemann, Stuttgart 2004, 207–217.

[54] Sören Kierkegaard, Die Krankheit zum Tode. Der Hohepriester – der Zöllner – die Sünderin, in: ders., Ges. Werke und Tagebücher, 24. u. 25. Abt., Simmerath 2004, 10.

Und dass der Raum der einen Kirche (*creatura verbi divini*) nicht das vertraute Kirchengebäude vor Ort *ist*, sondern die im Hören des Wortes Gottes und gemeinsamen Gebet versammelte Gemeinde, wird Reformierte weder enttäuschen noch verunsichern. Aber die Reflexion über Kirchenräume riskierte ein «Denken in zwei Räumen» (Bonhoeffer), verzichtete sie auf die theologisch-ekklesiologischen Implikationen ihrer Fragestellung.

Der Kirchenbau als «räumliche Umhüllung» ist jedenfalls als Monument einer exklusiven Abgrenzung ebenso falsch verstanden wie als öffentlich präsentiertes Machtsymbol oder als spezifische Form sozialer Praxis. Kirche hat nichts zu verstecken, keinen Ort zu verteidigen und ist nicht Selbstzweck. Kirchenmauern dienen nicht zur Einzäunung, sondern sind Zeichen der einladenden christlichen Gemeinde. Architektonisch umgesetzt ist dieses ekklesiologische Selbstverständnis in einer Kirche in Austin, Texas. Dort steht das Kreuz nicht im Kirchengebäude, sondern ausserhalb des Kirchenraums im Garten. «Im Raum fehlt das Kreuz nicht, weil der Kirchenraum aus der beständigen Präsenz des Draussen im Drinnen lebt.»[55] Der Blick nach draussen über den Zaun (vgl. Lk 14,15–24) steht für die Dialektik eines theologischen Raumdenkens, dass konkrete Räume in der Topographie der erinnerten, geglaubten und zugesagten Geschichte Gottes mit den Menschen verortet.

Ein inspirierendes Bild bietet in diesem Zusammenhang die im 14. Jahrhundert beginnende perspektivische Malerei, wie sie vor allem in den Gemälden Giottos sichtbar wird. Während die frühmittelalterlichen Künstler das malten, «was sie ‹wussten›», fingen Giotto und andere damit an, das zu malen, «was sie ‹sahen›».[56] Die Malerei – so könnte man sagen – bewegt sich aus dem «spirituellen Raum» immer weiter auf den «physikalischen Raum» zu. Interessant zu sehen ist, wie diese Räume miteinander verbunden werden. In der von Giotto gestalteten Arena-Kapelle in Padua befindet sich an der Chorwand die Verkündigungsszene, in der Gott durch den Engel Gabriel Maria ihre Mutterschaft ankündigt. Es ist eines der ersten bedeutenden Gemälde der Kunstgeschichte, in der der Künstler einen

---

[55] Schoberth, ‹Du stellst meine Füsse› (Anm. 50), 251.

[56] Margaret Wertheim, Die Himmelstür zum Cyberspace. Eine Geschichte des Raumes von Dante zum Internet, München 2002, 87.

physikalischen Raum mit dreidimensionalen Körpern vortäuscht. Der reale Raum der Kapelle setzt sich im virtuellen Raum des Bildes fort. An der gegenüberliegenden Wand befindet sich das monumentale Bild vom Jüngsten Gericht. Es steht im starken Kontrast zum Christuszyklus, weil es fast vollständig auf die neue, Dreidimensionalität suggerierende Darstellung verzichtet. Die unterschiedliche Darstellungsweise kann als Hinweis darauf betrachtet werden: «[D]ie christliche Seele lässt sich nicht in die Gesetze der euklidischen Geometrie einbinden.»[57] Die Differenz zwischen dem himmlischen und dem irdischen Raum wird räumlich in der kompositorischen Trias von realem Raum, imaginierter und transzendenter Raumdarstellung. Auch wenn sich darin der metaphysische Dualismus des mittelalterlichen Denkens widerspiegelt, weist der relationale Charakter der Gestaltung *im Raum* weit in die Zukunft. So fruchtbar die aktuellen Diskussionen um die konstitutive Relationalität von Räumen für die theologische Reflexion über Kirchenräume sein mögen, so sehr können Raumsoziologie und Theologie von Giotto lernen, dass unsere Raumvorstellungen notwendig mit einem ‹blinden Fleck› operieren, weil unsere Raumwahrnehmung *im Raum* zwangsläufig blind ist für die eigene Verortung im Raum. «Der Gesichtspunkt, von dem aus die Welt gesehen wird, gehört nicht zum Gesichtsfeld, das sich von ihm aus erschliesst.»[58]

---

[57] A.a.O., 127f.
[58] Dalferth, Leben (Anm. 28), 247.

Mobilisierung statt Möblierung:
Zur Rückeroberung der Kirchen

Matthias Krieg

A. Historisches Vorgeplänkel

Der reformierte Grundsatz *finitum non capax infiniti* gilt auch für
den reformierten Kirchenraum: Keine priesterliche Weihe und keine
magische Energie machen irgendeinen Raum heiliger als andere
Räume. Dasselbe gilt für Kerzen und Geschirr, für Tische und Bänke, für Kanzeln und Taufsteine. Utensilien sind sie allesamt, nicht
Devotionalien. Nützlich zu gebrauchen, aber nicht zu verwechseln
mit dem einzig und allein Heiligen, der einzig und allein Verehrung
verdient. *uti non frui*: Funktionale Nutzung gebührt all dem, nicht
religiöser Genuss. Die reformierte Reformation war auch eine Ent-
rümpelung und Ausnüchterung von Räumen. Geblieben ist davon
die reformierte Kardinaltugend der Nüchternheit. Sie gilt auch für
Zeiten, auch für Personen, auch für Kunst: *Endliches wird des Unendlichen nicht habhaft.*

Der Grundsatz ist ausschliesslich. Er verlangt, konsequent durch-
dacht und angewendet zu werden, bis hin zur schlimmstmöglichen
und von dort zur bestmöglichen Wende. Beide Wenden sprechen
dann sogar *für* Kerzen und dergleichen, aber eben: als Utensilien und
in Reduktion! Das Heilige hingegen als *fascinosum et tremendum* ist in
keinem Fall und durch keinen theologischen Kniff haptisch zu bewältigen. Oder in postmoderner Zitatcollage: Das Heilige ist infra-
lapsarisch und also hienieden nicht der Fall.

Positiv gewendet: Der Raum ist nicht heilig an sich, als wäre die
communio nicht, die ihn erst zum Raum macht. Raum ist nicht, Raum
wird. Heilig wird er möglicherweise, nämlich durch Geschehen, das
sich zwar in der Kommunikationsgemeinschaft des Glaubens ereignet, dort aber mit ihm, dem Raum. Auch das Heilige ist nicht, es
wird. Dem reformierten Kirchenraum eignet keine ontologische
Heiligkeit durch einen einmaligen und abgeschlossenen Akt der Heiligung, der ihn für immer verwandelt hätte. Er wird stattdessen dynamisch heilig durch ein evangelisches Geschehen, das ihn für eine

heilige Weile erfüllt. Es ereignet sich nicht *in* ihm, als wäre er nur die Hülle für einen Inhalt, der auch sein könnte, ohne dass er wäre, sondern *mit* ihm, denn er wirkt mit im Ereignis. Selbst dann, wenn er nur virtuell besteht: *Nimm deine Sandalen von den Füssen, denn der Ort, wo du stehst, ist heiliger Boden.* Daraus ergibt sich die reformierte Formel: *Raum wird Ereignis.* Nicht *ontologisch* ist also seine Heiligkeit, sondern *dynamisch wird* sie. Wenn es stimmt, dass *Gottes Sein im Werden* ist, dann doch wohl auch dort, wo er der Gemeinde dient mit seinem Wort und sie es mit ihrer Liturgie auffängt. Theologisch ist *dynamis,* das Mögliche und daher Ermöglichende, bedeutsamer als *energeia,* das Gewirkte und also Wirkliche. Gottes *kabod,* seine Gewichtigkeit und Präsenz, kann den Tempel verlassen und erst nach Jahren, wenn die Zeit dafür gekommen ist, wieder zurückkehren. Der Geist Gottes, bildlich und sachlich richtiger: Gott als belebende und bewegende *Kraft,* weht, wo sie will. Das Heilige weilt, und der Kirchenraum ermöglicht eine heilige Weile. Abraham, Ezechiel und Johannes wissen es: *Raum will Weile haben.* Und wo sie eintritt, ist sie allemal ein Kraftakt Gottes.

B.   Versuch eines reformierten Raumverständnisses

Zwei Erscheinungen (E)
Ein Kirchenbau setzt Zeichen im Gemeinwesen und er leistet ihm Dienste. Er markiert es. Die Redewendung, man solle *die Kirche im Dorf* lassen, deutet auf einen sichtbaren Symbolwert, den man nicht missen möchte, weil er das Gemeinwesen prägt und erkennbar macht. Zugleich dient die Kirche aussen weit herum und innen tief hinab der Orientierung. Symbolisch und funktional ist der Bau ein Ensemble aus variabel zusammengesetzten Zeichen und Funktionen. Der Kirchenbau gehört zu den nonverbalen *codes,* welche die Kirche als Institution erkennbar und lesbar machen.

> *Der Bau als Ensemble von Symbolik (E1)*
> *Vor dem Menschen: der Bau als beredte Geschichte*
– Meist ist der Bau vor dem Menschen da, und oft wächst der Mensch mit einer Kirche im Nahbereich auf. Wie sie Teil mindestens seiner frühen Biographie ist, war sie vor ihm Teil von sehr vielen Biographien, früher nicht selten lebenslänglich. Wer

sie kennt, sieht sie als Zeugin der Geschichte. Spuren von Jahrzehnten oder Jahrhunderten haften ihr an. Sie sind sichtbar. Manche riechen und hören sie. Imagination fügt sich den Rest. Kirchen symbolisieren Geschichte, Kontinuität, Bleiben. Gute Denkmalpflege pflegt daher keinen synchronen Schnitt als normativen Idealzustand, sondern einen diachronen Verlauf als unabgeschlossene Biographie des Baus.

Ohne den Menschen: der Bau als selbstredendes Subjekt
— Das Ensemble seiner Symbole, ob drinnen oder draussen, ob elementar oder nebensächlich, ob Kunst oder Kitsch, ist als Biographie aussagekräftig. Ihm haften Geschichten an. Der Bau raunt seine Geschichten, selbst wenn ihnen keiner zuhört. Ein gelungener Bau gewinnt Persönlichkeit und wird Subjekt. Er lädt ein, ihn persönlich zu nehmen. Er hat etwas zu sagen.

Der Bau als Ensemble von Funktionalität (E2)
Durch den Menschen: der Bau als entstehendes Ensemble
— Ein Kirchenbau ist auch ein Konstrukt. Ihm liegen Pläne zugrunde. Instrumentelle Vernunft hat ihn sich erdacht. Emotionale Intelligenz hat Nützliches und Begeisterndes verknüpft. Funktion kann schön werden wie der Schlussstein im Gewölbe. In der Wahrnehmung jedes Späteren wiederholen sich Teile der einst konstruierenden Vernunft und Intelligenz. Neuerlich entsteht der Bau als funktionales Ensemble. Der Mensch lässt durch sein Auge den Raum entstehen, möglicherweise als seinen eigenen, als persönlich für ihn bestimmten Raum. Die Sinne des Wahrnehmenden geben dem Bau Raum.

Mit dem Menschen: der Bau als benutztes Objekt
— Der Mensch nutzt den Bau als funktional konstruierte Gelegenheit, die ihm vorübergehend dient. Zum Aufwärmen, weil es draussen kalt ist. Als Treffpunkt, weil ihn jeder kennt. Zum Meditieren, weil er Mitte und Stille ermöglicht. Hunderte von Gelegenheiten gibt es, und sie werden heute willkürlich ergriffen. Bei vielen bleibt der Bau Objekt, bei manchen wird er Subjekt, wiederum möglicherweise. Als Ensemble von Funktionen bietet er Mitte und Ausrichtung, aber auch Winkel und Nischen. Je besser einer sich in ihm verlieren kann, desto dynamischer wird der Bau als Subjekt erlebt, das einen packt, leitet, verschlingt. Das Objekt entpuppt sich als Erlebnis.

Drei Kategorien in zwei Erscheinungen (K/E)
Ein Bau ist hienieden der Fall in Raum und Zeit. Beide zusammen
schaffen Bewegung. Bewegung ermöglicht Handlung.

Die Kategorie Raum (K1)
  Symbolisch: der Raum als Bühne des erscheinenden Gottes (E1)
– Eine Kirche ist nicht Gottes Wohnung. Gott wohnt nicht. Aber
  er ist möglich. Möglichkeit ist sein Wesen: *dynamis, potentia.* Biblisch in drei Sprachen mit nahezu demselben Bild erfasst: ein
  Gott, der atmet, haucht, luftet, windet, stürmt. Ein bewegender
  Beweger. Vom ersten Atemzug des verheissenen Säuglings bis
  zum letzten Schrei des Verbrechers am Kreuz. Möglicherweise
  erscheint er und erwählt sich den Raum zur Bühne. Die Liturgie
  bildet dieses Erwählen, Erscheinen, Einwohnen als Empfängnis
  ab. Kirche als Gottes Gelegenheit, die er ergreift, wann er will.
  Und Liturgie als Gelegenheit der Gemeinde, ihn zu erwarten, so
  oft, bis er kommt und sie ihn empfängt. Der Raum wird zur
  Bühne seines Advents. Gott kommt auf ihr zu Wort.
  Funktional: der Raum als Konstrukt des auftretenden
  Menschen (E2)
– Gott findet nicht statt. Er lässt sich nicht veranstalten. Kein an-
  gesagter *event* kann ihn herbeizitieren. Keine aufgepeitschten
  vibrations locken ihn hervor. Immer bleibt es der Mensch, der
  auftritt. Vor anderen haben Pfarrerinnen und Pfarrer hier ihren
  Auftritt. Sie treten auf als *citoyenne* oder *citoyen*, ob im Strassen-
  anzug oder im Akademikerrock. Sie konstruieren sich ihren Raum
  für ihre Auftritte. Nüchtern. Andere sind auch möglich: Ge-
  richtsverhandlung, Festbankett, Touristenführung, Kunstausstel-
  lung, Diskussionspodium, Machtdemonstration, Schweigemedi-
  tation, Orgelkonzert, Seelsorgegespräch, Polizistenvereidigung,
  Katastrophengedenken. Belichtung und Beschallung, Bestuhlung
  und Bewerbung konstruieren den Raum für Zwecke. Raum und
  Mensch werden durch sie ausgerichtet. *Ad hoc* schaffen sie Raum
  im Raum. Er wird nutzbar und funktional.

Die Kategorie Zeit (K2)
  Symbolisch: die Zeit als qualitative Weile des Heiligen (E1)
– Wo Gott weilt, qualifiziert er Zeit zum erfüllten Augenblick. Das
  momentum seiner Präsenz ereignet sich. Der Raum ist sein Hier

und Jetzt. Wo Wahrnehmen ins Wahrhaben übergeht und Hören ins Verstehen, erübrigt sich die Stundenuhr auf der Kanzel. Wort wird Ereignis, spricht an, bewegt, erfasst und nimmt mit. *Et ponit nos extra nos.* Die heilige Weile durchdringt den Bau und lässt ihn schwingen. Die *entasis* der klassischen Säule oder der *trompe l'œil* der barocken Deckenmalerei bilden auf ihre Weise diese bewegte Zeit göttlicher Weile und menschlicher Entrückung ab. Heilige Weile ist Zeit in der Zeit. Zeit, die Raum braucht, aber nicht anberaumt werden kann.

Funktional: die Zeit als quantitative Dauer einer Nutzung (E2)

– Kirchenräume haben Belegungspläne. Manche sind dicht. Je prominenter und exponierter der Ort, desto begehrter der Raum. Eher aber werden Kirchen heute unternutzt als übernutzt. Gottesdienst ist die quantitativ dominante Nutzung. Von der funktionalen Palette aus jenen Zeiten, da der Kirchenraum der einzige öffentliche Raum im Gemeinwesen war, sind nach und nach alle Nutzungen ausgewandert. Schlechte Romantik hat den Raum zum Oratorium verkürzt. Kirchgemeindezentren haben ihm schliesslich die letzten funktionalen Nutzungen entzogen. Derart ausgehungert verstaubt das ungenutzte Objekt zum latenten Museum. Dem vernachlässigten Subjekt aber wird es, was die heilige Weile angeht, langweilig.

Die Kategorie Handlung (K3)
Symbolisch: das heilige Theater im Bild der Ewigkeit (E1)

– Im klassischen Schema von Urbild und Abbild ist der liturgische Gottesdienst das irdische Abbild dessen, was die Himmlischen urig und ewig und daher gleichzeitig feiern. *Causa secunda* ist er. Die Messe in ihrer regelmässigen Wiederholung lässt sich einklinken oder zuschalten in die *causa prima*, die immer währt, ob einer mitmacht oder nicht. Religiöses Synchronschwimmen, mit dem der glaubende Mensch dem geglaubten Gott dient. Der reformierte Predigtgottesdienst stellt das alte Schema auf neue Füsse, denn nun ist die Predigt des Worts *causa prima* am Sonntag und das Tun des Worts *causa secunda* im Alltag. Sonntags dient nun Gott dem Menschen mit seinem Wort, alltags der Mensch Gott mit seiner Arbeit. Vom heiligen Theater bleiben allein das Libretto und das Ereignis: Der *verbi divini minister* legt in *lectio continua* Gottes Wort aus. Werden Menschen empfänglich und das

Wort verstanden, so ereignet es sich und ruft nach mehr. Fortsetzung statt Wiederholung: Die Fortsetzung des Worts in der nächsten Predigt tritt an die Stelle der Wiederholung des Messopfers in der Liturgie. Gott kommt fortlaufend zu Wort. Die Bühne wird zur Kanzel. Der Bibelspruch an der reformierten Wand überbrückt von Mal zu Mal, erinnert und verheisst: *God was here. Will be back soon.*

  Funktional: die geplante Veranstaltung im Programm der Zeit (E2)
– Unter den Bedingungen des Marktes ist auch die Kirchgemeinde zur Veranstalterin geworden. Wie andere macht sie Programme. Der Pfarrer mutiert so zum Impresario. Nach der Auswanderung der funktionalen Vielfalt wird der ungenutzte Raum zuweilen auch fremdvermietet. Standortvorteile werden dann zum Nutzen anderer: Gute Akustik lockt die Konzertagentur, *gothic groove* den Filmverleih, die Lage an der Flaniermeile die Gourmetkette. Schliesslich kommen gar Umnutzungen ins Gespräch. Kirchliche Empfehlungen füllen bereits Ordner. Ausverkauf. *Church for sale.*

Vier Dimensionen nach drei Kategorien in zwei Erscheinungen (D/K/E)
Eigentlich sind es acht Dimensionen, doch sinnparallel wahrgenommen sind es je zwei Seiten derselben Dimension: Die eine Seite tritt sinnlich in Erscheinung und folgt den Gesetzen der Kunst. Ästhetisch sind die vier Dimensionen der Symbolik die *mimesis* der anderen Seite. Die andere Seite tritt sinnparallel in Erscheinung und folgt den Aufträgen der Kirche. Theologisch sind die vier Dimensionen der Funktionalität die *poiesis* der einen Seite. Das ist die Dialektik von Kirche und Kunst.

Sinnliche Erscheinungen von Symbolik (E1)
  Die architektonische Dimension (D1)
    Der Raum als dreidimensionales Gesamtkunstwerk (K1)
– Ihrer Mehrdimensionalität wegen neigt gute Architektur unabhängig vom Volumen zum Gesamtkunstwerk. Wenn Blick und Schritt nicht verstellt sind, offenbart sich der Bau auch so. Er setzt beide in Bewegung. Er lenkt die Bewegung durch seine Gerichtetheit, ob horizontal nach Osten und hin zum Licht im Chor oder vertikal in die Höhe und hin zur Taube in der obersten

126

Kuppel. Dreidimensional wird der Bau zum Gleichnis. *Omnia in mensura et numero et pondere disposuisti.* Der Raum als Mimesis göttlicher Ordnung.

Die Zeit der Wahrnehmung (K2)

– Architektur erheischt Zeit. Dreidimensional wie ein Gedicht, das nicht durchgelesen, sondern hin-und-wiedergelesen werden will, jedes Mal aufs Neue mit Entdeckungen, wird auch Architektur nicht durchlaufen, sondern begangen. Das Auge schweift. Schattenwürfe und Lichtflecke, Beschaffenheiten der Baustoffe, taktile Reize werden wahrnehmbar. Auch Risse, Brüche, Verletzungen und Störungen aus der Biographie des Baus, die zeitlichen Narben seiner Geschichte.

Die Handlung des Begehens (K3)

– Gute Architektur kann man nicht ersitzen. Man muss sie ergehen. Schreitend wie im Rhythmus einer Liturgie oder schlendernd aus purer Neugier, dann läuft Architektur als langsamer Film der Proportionen vor den Augen ab. Dreidimensional tun sich Perspektiven auf und verschwinden wieder. Fluchtpunkte werden erkennbar und Horizontlinien austariert. Der Bau gerät in den Augen in Bewegung, während sich einer im Raum ergeht. Ästhetische Beziehungen hinüber und herüber tun sich auf, gelegentlich auch unästhetische. Das Gesamtkunstwerk ersteht inwendig als spirituelle Einheit. Der Bau als Ort bewegten Betens, der Bau als Gebetsbewegung. Jeder, der ihn wahrnimmt und begeht, wird sein neuerlicher Stifter.

Die akustische Dimension (D2)
Der Raum als gefüllte Stille (K1)

– Die Akustik der Kirche ist eine Akustik der Stille. Für einmal kommt ein Anderer zu Wort. Bevor er kommt, findet der Mensch zur Ruhe. Gute Architektur mittelt, je nach Epoche anders, aber sie mittelt auch den Menschen in ihr. Er wird ihr kongenial. Stille entsteht, die gehaltsleer ist, aber sinnvoll. In ihr wird der Schwätzer zum Hörer. Er wird empfänglich für Gott, der zu Wort kommt.

Die Zeit des Lauschens (K2)

– Nur der Lauschende vernimmt das Mögliche. Ausgespannt in die ungewöhnliche Architektur, streift er das Gewohnte vom Trommelfell ab. Kein Raum für Ovationen ist dies und keiner für Claqueure. Das Wort, ob gepredigt oder gesungen, ruft nach Gehör, nicht nach Geräusch. Nichts hier will gefallen oder sucht nach Billigung. Wer lauscht, urteilt nicht. Kirchenmusik verträgt keinen Applaus. Das Wort mag in die existentielle *krisis* führen, Kritik heischt es nicht, nicht hier.

Die Handlung des Schweigens (K3)

– Im Raum der Kirche ist Schweigen kein betretenes oder verlegenes Aussetzen im Fluss des Sprechens, sondern ein aktiver Ausstieg. Schweigen ist die sprachliche Handlung, die der Stille kongenial ist. Für viele ist es unbewusst der Raum selbst, der beruhigt. Die Kanzel, klassisch reformiert im Schnittpunkt der Vertikalen und Horizontalen, richtet die Sinne auf das Hören des Worts. Die Mitte schafft, wenn wirklich Gott zu Wort kommt, goldenes Schweigen.

Die ikonische Dimension (D3)
Der Raum als optischer Zeichensatz (K1)

– Ob die ausgemalte Szene aus der Bibel oder das reduzierte Symbol, ob traditionelle, fixierte Ikonographie oder offene, moderne Allusion, jeder Kirchenraum tritt dem Auge auch als Zeichensatz gegenüber. Er zeigt sich selbst als Gesamtkunstwerk und enthält die Welt biblischer *Zeichen und Wunder*. Er birgt Welt in der Welt, unreformierter Redundanz oder reformierter Reduktion folgend.

Die Zeit der Betrachtung (K2)

– Die Bildwelt lädt zur Betrachtung. *Biblia pauperum* ist sie, nicht herablassend im Sinn einer nachholenden Sonderpädagogik, wohl aber unterstützend im Sinn einer stellvertretenden Diakonie: Die Bildwelt des Kirchenraums kann den *Armen* der Postmoderne eine Gegenwelt sein zur anästhesierenden Bilderflut von *entertainment* und *décors*. Die Zeit der Betrachtung kann zur Zeit von Verlangsamung und Gesundung werden, zum Moment der *aisthesis* und *katharsis*. Das Bild springt in die Lücke, in der das marktkonforme Individuum vor lauter Bildern erblindet: ins Auge, das wieder sehen lernt.

Die Handlung des Schreitens (K3)

– Alte Bildkonzepte zwingen zu einem *tour d'horizon*. Sie versetzen in die Bewegung des Schreitens. So folgt einer etwa von Station zu Station dem Kreuzweg Jesu, oder er durchmisst vom Taufstein beim Eingang bis zum Licht in der Apsis den Verlauf seines eigenen Erdenlebens. Neue Bildkonzepte individualisieren das Erleben und markieren Pausen des Innehaltens und Verweilens.

Die kinetische Dimension (D4)
Der Raum als multiple Bühne (K1)

— Kasualgottesdienste heben unterschiedliche Personen heraus, stellen sie auf eine imaginäre Bühne und behandeln sie als Protagonisten. Sie spielen abgesprochene Rollen. Die Gemeinde wird zum mitfühlenden oder mitgehenden Publikum. Bewegungsabläufe sind standardisiert und variieren in kleinen Margen. Die Bühne zeigt bekannte Requisiten und Garderoben. Der *plot* ist vorgegeben. Unter Beobachtung steht nicht, was gespielt wird, sondern wie und in welcher Variation.

Die Zeit der Aufführung (K2)

— Gespielt werden Übergänge, Grenzbegehungen, Wege durch existenzielle Passagen. Taufe und Abendmahl, die Sakramente, begehen von der Biographie Gottes her die Grenze von Tod und Leben. Kasualien, deren Menge offen ist, begehen von der Biographie des Menschen her die Grenzen zwischen Lebensabschnitten. Die Zeit der Aufführung ist die Zeit der *krisis*. Leibliche Familie und *familia Dei* führen auf und durch. Der Fall ist im Kirchenraum inkubiert und wird gemeinsam ausgetragen.

Die Handlung des Spielens (K3)

— Der Kirchenraum wahrt die Öffentlichkeit des *casus*: In ihm erfährt er keine private Inszenierung im gefälligen Winkel. Im Zusammenspiel ist der Einzelfall der Fall aller. Die Sozialisierung des Lebens wird offenkundig. Individuation und Partizipation spielen dialektisch ineinander. Die Gemeinde als Publikum spielt die *Wolke der Zeugen*.

Sinnparallele Erscheinungen von Funktionalität (E2)
Die liturgisch-gottesdienstliche Dimension (D1)
Der Raum als Ort der Spiritualität: das Oratorium (K1)

— *Alles hast du nach Mass, Zahl und Gewicht angeordnet*: Das Buch der Weisheit meint damit eine unsichtbare Weltordnung, die das Mittelalter im Gesamtkunstwerk einer Kirche als sichtbar geworden im Masswerk erkannte. Die spirituelle Weltordnung inkarniert sich in ihm. Es ist der Ort individueller Spiritualität. Der

Einzelne tritt vor seinen Gott und betet. Er tut dies eremitisch allein oder koinobitisch gemeinschaftlich, dann im Verbund der Liturgie, die ihrerseits Ordnung ist. Beide, Masswerk und Liturgie, als Abbild der spirituellen Weltordnung. *Leitourgia* ist die religiöse Grundfunktion der Kirche, die vorreformiert archaische. Ihr dient der Raum als *oratorium*.

Die Zeit der Einkehr und Hingabe (K2)

– Der Mensch betritt eine räumliche Ordnung, die nicht die seine ist, und stimmt ein in eine liturgische Ordnung, die nicht die seine ist. Indem er in den Bau einkehrt, gibt er sich dem Anderen hin. Die Zeit des Anderen ist es, die durch Wiederholung und Übung, durch *askese* und *disciplina*, möglicherweise die seine wird. *Religio* als Bindung an das Andere: hingebungsvolles Synchronschwimmen.

Die Handlung des Betens und Singens (K3)

– Raum und Liturgie lassen ihn beten und singen, nicht seine Lieder und seine Gebete. Stoff wiederum, der möglicherweise so der seine wird, dass er ihn irgendwann sogar braucht. Er handelt fremdgeleitet und abhängig, aufgefangen im Abbild, das Raum und Liturgie mehrdimensional bereitstellen.

Die martyrisch-überliefernde Dimension (D2)
Der Raum als Ort der Predigt: das Auditorium (K1)

– Die Reformierten haben die Liturgie zum Empfangen der Predigt umgenutzt. Das Oratorium wandelt sich ins Auditorium. Betende werden Hörende. In der Kanzelrede ergreift Gott das Wort und bricht das Schweigen, möglicherweise. Der *verbi divini minister* leistet *traditio verbi*. Seine Predigt wird zur Zeugenschaft und Traditionsarbeit, indem er die Bibel gegenüber dem Leben und das Leben gegenüber der Bibel interpretiert. Die Kraft der Tradition entfesselt sich als Inspiration für morgen. *Martyria* ist die theologische Grundfunktion der Kirche, die prophetisch reformierte. Ihr dient der Raum als *auditorium*.

Die Zeit des Worts und der Weisung (K2)

– Mitte von Raum und Liturgie ist Gottes Wort. Reformierte besuchen eigentlich keinen Gottesdienst und noch weniger eine Kirche, sondern *gehen zur Predigt*. Ihr gebührt die Zeit. Während derer ereignet sich die heilige Weile. Von den drei *genera dicendi* der alten Rhetorik übt die Kanzelrede das *genus grande*, dem das *mo-*

vere und *persuadere* eignen. Allerdings setzt sich da kein Redner in Szene, sondern Gott bedient sich seines Ministers, um Menschen zu bewegen und zu überzeugen.

Die Handlung des Hörens und Bekennens (K3)

– Die Gemeinde schweigt und lauscht. Glaube ist kein persönlicher Kraftakt aus gebündelter religiöser Energie, sondern göttliches Geschenk aus dem Hören: *credere ex auditu.* Dafür das *auditorium*, für einmal weder für das *genus humile* mit seinem *docere*, das aus der Predigt eine Vorlesung macht, noch für das *genus mediocris* mit seinem *delectare*, das statt der Predigt religiöses *entertainment* sendet. Hören, das bewegt, führt zum Bekennen, das bezeugt. Der Predigt des VDM folgt das Bekenntnis der Gemeinde, dem Wort Gottes das des Menschen, beide aber öffentlich.

Die diakonisch-bergende Dimension (D3)
Der Raum als Ort des Asyls: das Refugium (K1)

– Seit ältesten Zeiten und in allen Religionen sind Tempel auch Orte des Asyls: Ausorte für Auszeiten, machtfreie Räume inmitten machtbesessener Territorien, widerständige Vorbehalte gegenüber der Allmacht der Systeme. Wenn alle Reformierten Priesterin und Priester sind, ist es an allen, die diakonischen Grundhaltungen der Gastfreundschaft, Stellvertretung, Geistesgegenwart und Dienstfertigkeit einzunehmen. *Diakonia* ist die soziale Grundfunktion der Kirche, die priesterlich-reformierte. Ihr dient der Raum als *refugium*.

Die Zeit der Gastfreundschaft und Stellvertretung (K2)

– Der Kirchenraum wird alltäglich. Der Raum des Anderen wird zum Raum der Fremden. Der *citoyen* wird *quotidien*. Das Tun des Glaubens hat seine Zeit: für die Aufnahme eines Gastes, ohne zu fragen, um wen es sich handelt, und ohne zu kalkulieren, was man davon haben könnte, für die Pflege eines Fremden, als wäre er Gott, der *incognito* unterwegs ist. Zeit für Stellvertretung, den Sprung in die Bresche, wenn einer sich selbst nicht helfen kann.

Die Handlung des Gebens und Teilens (K3)

– Viele diakonische Funktionen sind denkbar. Sie richten sich nach der jeweiligen Bedrängnis. Geben, das immer auch ein Nehmen ist, und Teilen, das immer auch ein Gewinnen ist, sind die elementaren Muster des Handelns. Die pragmatische Kommunikation des Alltags, die geteilten *Mühen der Ebene*. Dieses dritte Handlungsfeld der Kirche ist doppelt ausgewandert: durch Professionalisierung aus der direkten Verantwortung des Einzelnen, durch Institutionalisierung aus dem Kirchenraum der Gemeinde. Es steht zur friedlichen Rückeroberung an.

Die koinonisch-gemeinschaftliche Dimension (D4)
Der Raum als Ort der Kommunikation: das Parlatorium (K1)

– Als die Kirche die einzige Öffentlichkeit bot, begegnete man sich nach der Predigt. Man rannte nicht davon und wich sich nicht aus. Im Gegenteil, ein Schwein wechselte den Besitzer, eine Ehe wurde angebahnt, eine Intrige geschmiedet. Nicht nur draussen wurde vielfältig kommuniziert, nicht nur sonntags. In der Pflege von Verbindungen wuchsen Verbindlichkeiten. Jede Frau und jeder Mann war mit Gemeinwesenarbeit beschäftigt. So wurde man für gemeinsame Not oder gemeinsamen Gewinn bundesfähig. *Foedus, contrât, covenant, Bund:* ein Grundbegriff reformierten Denkens. Presbyterial-synodal wurde er gelebt, eine Vorarbeit für parlamentarisch-demokratische Gemeinwesen. *Koinonia* ist nach wie vor die kommunitäre Grundfunktion der Kirche, die königlich-reformierte. Ihr dient der Raum als *parlatorium.*

Die Zeit der Nähe und Gemeinschaft (K2)

– Wie Theologie die Kultivierung des Religiösen ist, so Gemeinde die Kultivierung von Gemeinschaft. Sie bildet sich erst allmählich durch reflektierte Nähe. Echte Nähe aber ist heute die *unique selling proposition* der Kirche. Die Kompetenz der Nähe geht aus der Erfahrung von Gemeinschaft hervor. Die Zeit zur *communio* aber ist die Zeit, die heute fehlt. Kein Pfarrer kann in diese Lücke springen, ohne zum *factotum* zu werden, was er reformiert nicht ist.

Die Handlung des Teilnehmens und Sichfindens (K3)

– Auch dieses vierte Handlungsfeld der Kirche ist ausgewandert aus dem Kirchenraum der Gemeinde. Es steht zur friedlichen Rückeroberung an und mit ihm der Raum als multiple und mobilisierte Grösse.

C. Skizze des Zürcher Projekts Kirchenraum

Die Projektskizze ist in sechs Perspektiven gegliedert. Die theologische ist die erste. Sie hat sich soeben, im groben *Versuch eines reformierten Raumverständnisses*, ein wenig entfaltet. Fünf weitere Perspektiven bauen darauf. Ich nenne nun sechsmal mögliche Fragen an die Ortsgemeinden sowie mögliche Ziele und Massnahmen der Gesamtkirche.

Die theologische Perspektive

Fragen: Woran merken Sie, was die Kirche den Leuten im Dorf oder Quartier wert ist? Gibt es Gespräche über die Kirche und ihre Symbolik? Warum fühlt man sich mit dem Bau verbunden? Können Sie ein paar Äusserungen wiedergeben?

Ziele: Die Landeskirche verfügt über eine Broschüre, die für die Fälle von Renovationen, Umnutzungen und Neubauten theologische Orientierungen, anwendbare Kriterien und prägnante Empfehlungen auflistet. Die Richtlinien für Baubeiträge zwingen zur Beachtung der besonderen Aspekte des reformierten Kirchenbaus, zur vielfältigen Nutzung der Kirche für das kirchliche Leben und zur nachhaltigen Pflege ihrer öffentlichen Symbolwirkung.

Massnahmen: Fachliteratur und Empfehlungen werden aufgearbeitet, Tagungen und Podien besucht, Forschungsprojekte begleitet. Mit der *Bibliothek Johannes a Lasco* in Emden, dem *Institut für Kirchenbau* in Marburg und der *Schweizerischen Lukasgesellschaft* wird eine Perspektivtagung für Behördenverantwortliche und Baupraktiker organisiert.

Die kommunitäre Perspektive

Fragen: Was wissen Sie über die typischen Lebensstile Ihrer Mitglieder? Welche Funktionen der Gemeinde werden im Kirchenbau gelebt? Was behindert eine multiple Nutzung? Welche Bauteile werden selten oder nie genutzt, könnten aber erschlossen werden? Was würde möglich, wenn multiple Nutzung möglich würde? Was gehört nach Ihrer Meinung in die Kirche und was ins Gemeindezentrum?

Ziele: Vorrangig und nachhaltig wird die Gemeinde als *communio* mit einem erkennbaren Ort gestärkt. Jede Kirchgemeinde weiss, welche habituell-mentalen Lebensstilgruppen mehrheitlich auf ihrem Terrain wohnen und ihre Mitgliedschaft stellen. Die Grundstellung im Kirchenraum ist offen, frei, leer. Sitzen ist nur eine von vielen Nutzungen des Raums und über keine andere dominant. Der Kirchenraum als Ensemble von Raumteilen und als Raumkörper im Ganzen erscheint als Bühne, die vielfältig bespielbar ist. Alle Bauteile sind so beschaffen, dass sie mit wenig Aufwand jederzeit nutzbar sind. Jeder Kirchenraum wird seinen Standortvorteilen entsprechend und in Absprache mit benachbarten Kirchgemeinden genutzt. Der Konvent weiss, welche Anlässe und Gestaltungen in den Kirchenraum gehören und welche in das Gemeindezentrum. Er arbeitet mit einem Raumkonzept.

Massnahmen: Milieustudien rund um die *Vierte Mitgliedschaftsbefragung der EKD* und um das *Institut Milieu Sociovision* in Heidelberg werden ausgewertet. Eine Sinusstudie für alle Teile der Zürcher Landeskirche wird in Auftrag gegeben. Die Kirchgemeinden werden beraten bei der Erarbeitung mitglieder- und standortspezifischer Raumkonzepte. Die Landeskirche schliesst mit der Denkmalpflege einen Mantelvertrag ab, der den Gemeinden vielfältige Nutzung ermöglicht, wobei zugleich das geschützte Volumen respektiert wird. Ein Designwettbewerb wird ausgeschrieben, der zu drei Typen von Stühlen gemäss Anforderungsprofil führt. Danach kommt es bis zum Reformationsjubiläum 2019 zur Entfernung aller fixierten Kirchenbänke mit Ausnahme des historischen Chorgestühls.

Die ökonomische Perspektive

Fragen: Welche Quadratmeterpreise werden rund um Ihre Kirche bei Vermietungen verlangt? Was kostete Sie in Ihrer letzten Jahresrechnung die Ressource Raum? Was würde bei Raumkostendeckung die Eintrittskarte für einen Gottesdienst kosten? Was verdienen Sie durch Fremdnutzung? Inwiefern waren Ihre letzten Bauprojekte mit Nutzungsplänen verknüpft? Welche Standortvorteile hat Ihre Kirche durch Bau, Ausstattung, Lage, durch wirkliche und mögliche Nutzung? Womit könnten der Nutzungsgrad und zugleich die Wirtschaftlichkeit nachhaltig erhöht werden? Wer beachtet welche Tabus bei solchen Fragen?

Ziele: Jeder Kirchenraum hat ein individuelles Profil. Die Profile sind nachbarschaftlich abgesprochen. Die Landeskirche verfügt über eine Broschüre für Verantwortliche, in der das Profil jedes Kirchenbaus festgehalten ist, dazu seine jeweilige Besonderheit und Nutzbarkeit. Mitgliedern kann sie eine Landkarte der kirchlichen Orte abgeben. Die Kirchgemeinden können bei Anfragen oder für Anlässe aufeinander verweisen. Über Finanzausgleich und Beitragswesen wird von der Zentralkasse aufgrund von Raumnutzungskonzepten und Bauprofilen entschieden. Das Potenzial Kirchenraum wird aktiv bewirtschaftet.

Massnahmen: Wie bereits die Stadt Zürich erstellt die Landeskirche für den ganzen Kanton ein Rauminventar. Anderswo vorhandene kirchliche Raumberatungsstellen werden konsultiert, die Einrichtung einer eigenen Fachstelle geprüft. Das neue Handbuch für *Kirchliches Immobilienmanagement* wird ausgewertet, eine anwenderfreundliche Broschüre für Kirchengutsverwaltungen hergestellt, ein Einführungsseminar zu Legislaturbeginn angeboten. Der Kirchenrat erlässt eine Raumverordnung parallel zur Personal- und Finanzverordnung.

Die ökologische Perspektive

Fragen: Welche Energiekennzahlen weisen welchen Bedarf aus? Wie hoch ist der CO_2-Ausstoss, was verursacht ihn und womit kann er verringert werden? Wie kann so geheizt werden, dass nicht der ganze Raum von der Decke abwärts beheizt werden muss, sondern nur eine Wärmehülle um den Sitzplatz entsteht, solange er besetzt ist? Inwiefern sind Raumteile durch Einbauten abteilbar und einzeln beheizbar? Wie muss ein Kurs gestaltet sein, der den Sigrist fürs Umweltmanagement schult und motiviert?

Ziele: Alle Kirchgemeinden kennen ihre Energiekennzahlen und haben ein System des Umweltmanagements eingeführt. Der CO_2-Ausstoss der Zürcher Kirche ist erfasst, und der Überblick erlaubt die Etappierung der Massnahmen und das Setzen von Reduktionszielen bis zum Erreichen der CO_2-Neutralität. Der CO_2-Ausstoss wird kompensiert, die Kosten werden budgetiert und in der Rechnung öffentlich ausgewiesen. Sigristen und Hauswarte sind instruiert, steuern und kontrollieren den Energiebedarf. Bei Neubauten und Sanierungen ist der Begründungszwang umgekehrt: Abweichungen von der ökologisch besten Lösung sind zu begründen.

Massnahmen: Im kirchlichen Umfeld vorhandene Energiestudien, Verlautbarungen, Labels, Fonds und Anreize werden geprüft und gegebenenfalls übernommen. Für die Raumverordnung werden Grundsätze zur Nachhaltigkeit formuliert. Ab 2013 soll der Jahresbericht der Zürcher Landeskirche auch einen CO_2-Bericht enthalten. Mit Architekten der Lukasgesellschaft werden Möglichkeiten der partiellen Raumnutzung und Beheizung abgeklärt sowie entsprechende Beratungen und Empfehlungen erarbeitet.

Die ästhetische Perspektive

Fragen: Wie kann das Raumerlebnis in Ihrer Kirche vielen zugänglich werden? Wie riecht es bei Ihnen? Welche Signale braucht es und welche müssen verschwinden, damit der Kirchenraum öffentlich ist? Was ist nötig, dass er für möglichst viele Milieus in Ihrer Gemeinde einladend wird? Wer wird mit der Anwendung, Durchsetzung und Wahrung des neuen Konzepts betraut?

Ziele: Es bestehen vertragliche Regelungen hinsichtlich der ursprünglichen Nutzungen und des gegenwärtigen Gemeindeaufbaus einerseits und der musealen Konservierung und des denkmalpflegerischen Schutzes andererseits. Der Kirchenraum wird als Architektur erkennbar und in allen Teilen als ein gestalteter und begehbarer Raum erkannt, der zu einem Raumerlebnis einlädt. Er vermittelt Offenheit und Gestaltbarkeit, frei von immobilen Lasten vergangener Epochen. Der Kirchenraum ist ein begehbares Kunstwerk mit Platz für vorübergehende Installationen. Spuren der Jahrhunderte und schutzwürdige Objekte sind so konserviert, dass sie Neugier wecken, Erlebnisse vermitteln und als Bereicherung empfunden werden. Die Ästhetik des Raums ist öffentlich und frei von privater Stigmatisierung. Der Kirchenraum folgt den ästhetischen Prinzipien der Reduktion und Differenz. Er ist und bleibt milieuneutral.

Massnahmen: Erfahrungen von museumspädagogischen Diensten und Stadtführungen werden eingeholt und ausgewertet, damit der Kirchenraum als ästhetisches Erlebnis in den Blick kommt. Ein Leitsystem wird entwickelt, das im Kirchenraum unaufdringlich zu dessen Nutzungen und *Highlights* führt bzw. dort sachlich informiert. Ein bühnenorientiertes Ausleuchtungssystem wird entwickelt, das viele Varianten funktionaler Fokussierung ermöglicht.

Fragen: Wann ist Ihre Kirche geöffnet und zugänglich? Wie erfährt ein Fremder in Ihrer Kirche, dass er sich in einer reformierten Kirche befindet und was deren reformierte Besonderheiten sind? Wie erfährt er, wofür die Ortsgemeinde gut ist und was er an ihr hat? Wie erfährt er, dass die Kirche auch ein Baudenkmal ist und wo ihre besonderen Schätze zu sehen sind? Welche Schriften gehören nach Ihrer Erfahrung in die Kirche, welche in das Gemeindezentrum? Weiss das Fremdenverkehrsbüro von Ihrer Kirche?

Ziele: Der Kirchenraum ist grundsätzlich von 10–18 Uhr zugänglich, insbesondere an Sonn- und Feiertagen sowie in Ferienzeiten. Kirchenferne und Vorüberziehende finden Informationen über dessen Verortung. Als Grundausstattung sind jederzeit und aktualisiert vorhanden: eine dreisprachige Begrüssung in der reformierten Kirche, die Profilbroschüre der Landeskirche, der Veranstaltungskalender der Kirchgemeinde, der Kunstführer der Denkmalpflege. Der Kirchenraum ist frei von Überbleibseln aus Veranstaltungen und von privaten Stigmatisierungen.

Massnahmen: Der Kirchenbund erarbeitet die gemeinsame informelle Grundausstattung des reformierten Kirchenraums in der Schweiz. Im Designwettbewerb wird ein Prospektständer entwickelt, der überall an klar definierten Orten zu finden ist. Die Fachstelle für Freiwilligenarbeit unterstützt die Kirchgemeinden beim Aufbau eines Präsenzdienstes. Die Erwachsenenbildung organisiert eine Ausbildung für Kirchenführung. In den Stellenbeschreibungen von Sigristen wird dem Raumverständnis erkennbar und kontrollierbar Rechnung getragen.

D.   Postmodernes Nachgeplänkel

Diana Krall tröstet die Entwurzelten und Vereinsamten im Weltdorf, lasziv in der Stimme und betörend am Klavier. Gelegentlich, wenn sich die Visionen verflüchtigt haben, verbringe ich eine *blue hour* mit ihr und ihrem Standard *The boulevard of broken dreams*. Dort singt sie dann, und es geht mir rein wie bitterer Honig: *Here is where you'll always find me, always walking up and down. But I left my soul behind me in an old cathedral town. The joy that you find here, you bor-*

row, you cannot keep it long, it seems. But gigolo and gigolette still sing a song and dance along the boulevard of broken dreams.

Auch die urbane Postmoderne hat ihre *passeggiata*. Sie findet statt auf der Prachtstrasse ihrer Gebrochenen, dem Boulevard ihrer Entwurzelten, der Avenida ihrer Einsamen. Dort flaniert das passagere Leben. Der Mensch der Stadt ist Passant: Es passiert ihm. Er passiert sie. Sie passiert ihn. Urbane Konjugation. Die Stadt hält sie alle bereit, die vielgestaltigen Passagen für alle Gelegenheiten, für Occasionen und Eventualitäten, für Kasualien und Eskapismen.

Die postmoderne Verlorenheit im Weltdorf hätte keinen Platz für die Seele, böte keinen Raum für beseelte Momente, bliebe ohne Gelegenheit für Seelenfrieden, wären da nicht ihre Kirchen: *But I left my soul behind me in an old cathedral town.* Dort kommt sie zur Ruhe und dort ist sie wiederzufinden, im *centro storico*. Die Kirche als letzte Deponie für postmoderne Seelen. Was Besseres könnte ihr passieren? In der Wegwerfgesellschaft, die gelernt hat, ihren Müll wenigstens sinnvoll zu trennen, wird der Kirchenraum zur Entsorgungsstelle für die überforderte, ausgelaugte, störende, nutzlose Seele. Dort ist sie im doppelten Sinn des Worts *gut aufgehoben*. Und hat dort sogar zu tun: Sie beseelt ihn, lässt ihn schön werden, lässt ihn Kirche sein, den Raum, vielleicht für eine heilige Weile, solange der Gebrochene die Gebrochene küsst.

Weiterführende Literatur

- Peter Böhlemann, Wie die Kirche wachsen kann und was sie davon abhält, Göttingen 2006/2009.
- Michael N. Ebertz/Hans-Georg Hunstig (Hg.), Hinaus ins Weite. Gehversuche einer milieusensiblen Kirche, Würzburg 2008.
- Wilfried Härle/Jörg Augenstein/Sibylle Rolf/Anja Siebert (Hg.), Wachsen gegen den Trend, Leipzig 2008.
- Jan Hermelink/Thorsten Latzel (Hg.), Kirche empirisch. Ein Werkbuch, Gütersloh 2008.
- Matthias Ludwig (Redaktion), Kirchen: Zwischen Nutzung und Umnutzung; Heft 3/2004 des Magazins *kunst und kirche*, Marburg 2004.
- Matthias Ludwig/Horst Schwebel (Hg.), Vergangenheit, Gegenwart und Zukunft. Texte zur Erhaltung und Nutzung von Kirchengebäuden, Gütersloh 2003.

- Alfred Rauhaus, Kleine Kirchenkunde. Reformierte Kirchen von innen und aussen, Göttingen 2007.
- Dagmar Reiss-Fechter (Hg.), Kirchliches Immobilienmanagement. Der Leitfaden, Berlin 2009.
- Bernard Reymond, L'architecture religieuse des protestants, Genf 1996.
- Heinrich Schneider, Entdeckungsreise. Reformierter Kirchenbau in der Schweiz, Zürich 2000.
- Claudia Schulz/Eberhard Hauschildt/Eike Kohler, Milieus praktisch, Göttingen 2008.
- Schweizerischer Evangelischer Kirchenbund SEK (Hg.), Energieethik. Unterwegs in ein neues Energiezeitalter, Bern 2008.
- Schweizerischer Evangelischer Kirchenbund SEK (Hg.), Wohnung Gottes oder Zweckgebäude? Ein Beitrag zur Frage der Kirchenumnutzung aus evangelischer Perspektive, Bern 2007.
- Johannes Stückelberger (Redaktion), Religion im öffentlichen Raum; Heft 4/2008 des Magazins *kunst und kirche*, Marburg 2008.

Wie nehmen Kunstschaffende Kirche wahr? Aktuelle künstlerische Neugestaltungen von reformierten Kirchen in der Schweiz

Johannes Stückelberger

Es wird nach Aspekten eines aktuellen, speziell reformierten Verständnisses von Kirchenräumen gefragt, um daraus Kriterien zu gewinnen für zukünftige Nutzungen und Umwidmungen von Kirchengebäuden. Mein Beitrag sucht Antworten auf diese Fragen aus einer künstlerischen Perspektive. Was Kirchen sind, welche Funktionen sie erfüllen, wofür sie stehen, diese Fragen beantwortet jede Zeit anders, und verschieden fallen die Antworten aus, auch je nach der Perspektive, aus der gefragt wird. Die Stimmen der Künstlerinnen und Künstler, die sich für den Ort der Kirche interessieren und die sich mit dem Raum der Kirche auseinandersetzen, sind in den letzten Jahren stärker geworden. Warum das so ist, verdiente eine eigene Analyse. Hier soll zunächst lediglich registriert werden, wie Künstlerinnen und Künstler sich heute mit Kirchenräumen auseinandersetzen und wie sie sie wahrnehmen.

Ich könnte dies anhand von verschiedenen Schnittstellen zwischen Kunst und Kirche diskutieren. Beispielsweise am Phänomen, dass etliche jüngere Künstler sich heute im Medium Fotografie mit Kirchenräumen oder genereller mit sakralen öffentlichen Orten auseinandersetzen. Ich denke da an Fotografien von Thomas Struth, Hiroshi Sugimoto oder Andreas Gursky. Eine andere Schnittstelle wären Ausstellungen in Kirchen. Heute finden immer öfter – und das ist wirklich ein neues Phänomen, das es so bisher nicht gab – in Kirchen Ausstellungen statt. Selbst renommierte Künstlerinnen und Künstler lassen sich für solche Ausstellungen gewinnen. Eine dritte Schnittstelle sind Arbeiten im öffentlichen Raum, in denen Künstlerinnen und Künstler explizit das Thema Religion im öffentlichen Raum aufnehmen. Da denke ich etwa an Arbeiten wie «Zone» oder «Ecce Homo» des englischen Künstlers Mark Wallinger, oder an eine Arbeit wie «Glocke Hardau Bimbam 2006» von Claudia und Julia Müller. Über diese drei Phänomene in der Gegenwartskunst habe ich in anderen Zusammenhängen nachgedacht.[1] Was ich heute ins Zentrum meiner Überlegungen stellen möchte, sind Neugestaltungen von Kirchen. Aktuell werden nicht mehr so viele neue Kirchen gebaut wie in den 1950er bis 70er Jahren. Kirchen werden jedoch in regelmässigen Abständen renoviert, was heute meist mehr als blosse Pinselreinigungen sind. Es wird umgebaut, die Kirchen werden neu gestaltet, und zwar nicht nur temporär für die Dauer einer Ausstellung, sondern mit Blick auf ein neues Erscheinungsbild für die nächsten Jahrzehnte. Diskutieren möchte ich solche aktuelle Neugestaltungen an Beispielen aus der Schweiz, fokussiert auf reformierte Kirchen. Es werden neun Beispiele sein aus den letzten zehn Jahren, von denen zwei erst in Entstehung begriffen sind. Abschliessen werde ich den Vortrag mit ein paar Thesen zum aktuellen Verständnis von Kirchenräumen, speziell reformierten Kirchenräumen, aus einer künstlerischen Perspektive sowie mit ein paar daraus abgeleiteten Kriterien für zukünftige Nutzungen und Umwidmungen von Kirchen. Der Beitrag möchte eine künstlerische Aussenperspektive in die aktuellen Kirchenraumdebatten einbringen.

1.   Basel, Gemeindehaus Stephanus, 2001/2002

Die Neugestaltung des Gemeindehauses Stephanus durch den Künstler Markus Müller verwandelt den Ort in einen Bauplatz. Zu ihrem 50. Geburtstag sollte die Kirche sanft renoviert und mit einem neuen künstlerischen Akzent versehen werden. Die Gemeinde wünschte, dass nicht nur – wie bisher mit einem grossen Kreuz, das im Blickpunkt der Gottesdienstbesucher an der grossen Querwand

---

[1] Johannes Stückelberger, Religion im öffentlichen Raum als Thema der Gegenwartskunst, in: Kunst und Kirche 4/2008, 5–11. – Zu Thomas Struths Fotografien von Kirchen siehe: Johannes Stückelberger, Thomas Struths Kirchenbilder. Kirche als anderer Ort, in: Kunst und Kirche 3/2005, 178–183. – Zu Ausstellungen in Kirchen, mit besonderem Blick auf die Schweiz: Johannes Stückelberger, Die Kirche als Galerie. Überlegungen zur Begegnung von Kunst und Kirchenraum, in: bulletin sek-feps. Eine Publikation des Schweizerischen Evangelischen Kirchenbundes 2/2008, 6–8; Johannes Stückelberger, Ausstellungen in Kirchen, in: Kunst und Kirche 1/2007, 61–65 (im Fokus auf Schweizer Beispiele).

hinter dem Abendmahlstisch hing – Karfreitag thematisiert, sondern auch Ostern sichtbar werde. Der liturgische Weg von Karfreitag zu Ostern war die Aufgabenstellung für einen Wettbewerb. Müllers Vorschlag ist ein monumentales Intarsienbild aus dicken, bündig in die Wand eingelassenen Tannenbrettern, das eine Architekturillusion zeigt. Zwischen zwei Hüttchen hindurch führt ein Weg am Kreuz vorbei auf Ostern hin. Das Kreuz von der alten Ausstattung ist noch da, doch wurde es zur Seite gerückt, der Weg führt an ihm vorbei auf eine helle Öffnung hin, die als Metapher für Ostern steht. Müller

Abbildung 1: Basel, Gemeindehaus Stephanus, Gottesdienstraum: Markus Müller, «Durchbruch», 2001, Einlegearbeit, 6x9m, Nadelholz (Foto: Johannes Stückelberger).

interpretiert Ostern als helle Mitte, als Öffnung, als Durchgang, als Durchbruch, so auch der Titel seiner Arbeit. Die inhaltliche Absicht der Arbeit ist es, als Bild des Osterfestes im wörtlichen Sinn eine Perspektive zu zeigen.

Einen auffallenden Kontrast zur Verheissung und Sicherheit der Osterperspektive bildet die Fragilität und Ärmlichkeit der Architekturillusion. Notdürftig zusammengezimmert aus rohen, ungehobelten, verwaschenen Brettern, wirkt der Ort wie ein Bauplatz. Liest man das Bild als Metapher für die Kirche, so stellt sich die Kirche von heute dem Künstler, im Unterschied zur schlichten, aber grosszügigen Architektur der fünfziger Jahre, als Bauplatz dar, als Ort, wo vieles im Umbruch ist. Doch stimmt das Bild keineswegs pessimistisch. Es enthält die Verheissung, dass die Kirche nicht untergehen wird, da sie einen Schatz, einen geistigen Reichtum verwaltet, der zwar in Vergessenheit geraten, der jedoch nicht verloren gehen kann. Die zwei fenster- und türenlosen Hüttchen im Bild wirken wie Schatzkammern, in denen etwas Besonderes verwahrt wird, das für unsere Augen unsichtbar bleibt, dessen Nähe wir jedoch spüren.

Abbildung 2: Basel, Gemeindehaus Stephanus, Gottesdienstraum: Katharina Grosse, «Liturgische Farben», 2001, Lichtinstallation mit Jakerb Bug 400 ETC Scheinwerfer, 6 x 15 x 6 m (Foto: Michael Fontana)

Das Wandbild blieb nicht das einzige Element der künstlerischen Neugestaltung des Gemeindehauses. Als Thema eines zweiten Wettbewerbs wählte man die Darstellung der wechselnden Farben der Kirchenjahreszeiten, ein Thema, das traditionellerweise seinen Ort in der Paramentik hat, das man im Stephanus jedoch mit einer farbigen Gestaltung der Fenster verbinden wollte. Die Düsseldorfer Künstlerin Katharina Grosse schlug vor, die Aufgabe statt mit farbigen Scheiben mit künstlichem Licht zu lösen. Ihre Arbeit besteht aus einem unter der Empore installierten Bühnenscheinwerfer, mit dem sich mit Hilfe von Farbfiltern, je nach Sonntag im Kirchenjahr, ein grüner, roter, violetter oder weisser Lichtkegel auf die Südwand sowie einen Teil der Stirnwand projizieren lässt. Das farbige Licht schafft im Gottesdienstraum eine wechselnde Atmosphäre.

Das dritte Element der künstlerischen Neugestaltung des Gemeindehauses Stephanus ist eine neue Vorplatzgestaltung, mit der ebenfalls Markus Müller beauftragt wurde. Ein Ziel der Neugestaltung war es, den Platz, der seit 1952 durch die grösser gewordenen Bäume und Sträucher, durch Einzäunungen, das Aufstellen von

Abbildung 3: Basel, Gemeindehaus Stephanus, Vorplatz: Markus Müller, Vorplatzgestaltung, Drehkreuz, 2002 (Foto: Markus Müller).

Pflanzenkübeln sowie zusätzliche Bänke in seinem Erscheinungsbild kontinuierlich kleiner geworden war, wieder stärker zu öffnen.

Ein zweites Anliegen lautete, den Platz stärker als Kirchenvorplatz erkennbar zu machen. Markus Müller installierte am Rande des Platzes, dem Haupteingang gegenüber, ein grosses Drehkreuz, das so aufgestellt ist, dass es den Passanten nicht zwingt, durch es hindurchzugehen. Es soll als Symbol gelesen werden, als welches es vielfältige Assoziationen weckt: Drehkreuz auf einer Viehweide, Drehtür eines Kaufhauses, Kompassnadel, Kreuz Jesu. Nicht zuletzt dient es den Kindern im Quartier als Karussell. Ein zweites Element, das den Platz als Kirchenvorplatz auszeichnet, ist die Leuchtschrift «Kirche» über dem Haupteingang. Markus Müller reagiert damit auf die Situation, dass das Gemeindehaus von der Strasse her nicht ohne weiteres als kirchliches Gebäude, geschweige denn als Kirche zu erkennen ist. Mit der Leuchtschrift lädt der Künstler die Kirche von heute ein, selbstbewusster aufzutreten und doch nicht aggressiv. Als Farbe wählte er ein verhaltenes Kobaltblau.[2]

Abbildung 4: Basel, Gemeindehaus Stephanus, Vorplatz: Markus Müller, Leuchtschrift «Kirche», 2002 (Foto: Johannes Stückelberger).

---

[2] Vgl. Johannes Stückelberger, Kunst für die Kirche. Die künstlerische Neugestaltung des reformierten Gemeindehauses Stephanus in Basel, in: Christoph Merian Stiftung (Hg.), Basler Stadtbuch 2002, Ausgabe 2003, 123. Jahr, Basel 2003, 234–238; Johannes Stückelberger, Markus Müller – «Durchbruch», in: Kunst und Kirche 1/2007, 58–61.

2.   Oberwil/BL, Reformierte Kirche, 2003

Die reformierte Kirche in Oberwil/BL ist ein Bau aus den 1930er Jahren, der in den 60er Jahren renoviert wurde, wobei man, wie es dem damaligen Kirchenbild entsprach, die Kirche wohnlicher machte, indem man Schiff und Chor mit einer dunklen Täferdecke versah. Überspitzt formuliert hatte die Kirche den Charakter einer nach innen orientierten Wohnstube. In ihrem neuen Gewand, das sie durch die jüngste Renovation im Jahr 2003 erhielt, erscheint sie offener, ist sie mehr öffentlicher Ort. Gelangte man bisher über einen

Abbildung 5: Oberwil, Reformierte Kirche: Chor mit den Farbtafeln und dem Taufstein von Martina Klein, 2003 (Foto: Johannes Stückelberger).

schmalen Weg zum Eingang, so wird man heute von einem pfalzartigen Vorplatz empfangen, der die gleiche Grösse hat wie die Kirche. Der Kircheninnenraum ist wesentlich heller geworden und hat im Westen ein grosses zusätzliches Fenster erhalten, durch das man auf das Dorf und die gegenüberliegende katholische Kirche sieht. Das Anliegen, der Kirche mehr Öffentlichkeit zu geben, wird auch an der flexiblen Bestuhlung sichtbar, die die Kirche offener macht bezüglich ihrer Benutzbarkeit.

Darüber hinaus gab es den Wunsch, der Kirche einen neuen inhaltlichen Fokus zu geben. Hatte man in den sechziger Jahren ein Abendmahlsbild im Chor durch ein schweres Eisenkreuz ersetzt, so entschieden die Pfarrpersonen in der Gemeinde nun, für das Kreuz einen neuen würdigen Platz im Aussenraum zu suchen und der Gestaltung des Innenraumes das neue Thema «Ich bin da» zugrunde zu legen. Dem Chor wiesen sie eine neue Funktion zu. Der neue Taufstein in Gestalt eines Felsens und die drei monochromen Tafeln der Künstlerin Martina Klein markieren diesen Ort als Taufort. Die

Abbildung 6: Oberwil, Reformierte Kirche: Blick gegen Westen, Umbau von Thomas Osolin (Osolin & Plüss Architekten BSA AG, Basel), Fensterläden von Martina Klein, 2003 (Foto: Johannes Stückelberger).

drei grossen und farbigen Tafeln können als Hinweis auf die Trinität gelesen werden, in deren Namen hier getauft wird. Ebenso wichtig ist der Künstlerin jedoch, wie die frischen und lebendigen Farben sich zueinander verhalten und wie sie auf die Kirchenbesucher wirken. Die drei Bilder eröffnen weite Räume, gleichzeitig schaffen sie mit ihrer Präsenz einen intimen Rahmen. Dass die Tafeln nicht an der Wand hängen, sondern auf dem Boden stehen, und dass die Leinwände lose auf den Grundplatten liegen, mit denen sie nur am oberen Rand verbunden sind, gibt der Installation einen provisorischen Charakter. Die Arbeit interpretiert die Kirche als Haus Gottes für ein Volk Gottes, das – wie die Israeliten auf dem Weg durch die Wüste – unterwegs ist.

Ein zweiter Beitrag von Martina Klein sind die zwölf Fensterläden, die sie auf der Innenseite der Fenster des Kirchenschiffes angebracht hat. Sie sind auf der einen Seite schwarz-weiss bemalt, auf der andern mit Silberplättchen beschichtet. Man kann sie frei bewegen und mit ihnen – je nach Sonnenstand – zusätzliches natürliches Licht ins Kircheninnere spiegeln. In Anlehnung an die alttestamentliche Erzählung von der Erscheinung Gottes im Brennenden Dornbusch will diese Arbeit mittels der Lichtmetaphorik göttliche Gegenwart symbolisieren. Dass die Läden auf der Innenseite der Fenster angebracht sind, wirkt auf den ersten Blick irritierend. Doch entsteht dadurch eine reizvolle Umkehrung von innen und aussen, die zusätzlich die Kirche als öffentlichen Ort definiert.

Die Grundbestuhlung der Kirche besteht aus lediglich achtzig Stühlen, die – nach alter reformierter Tradition – in drei Blöcken um den Abendmahlstisch herum gruppiert sind. Das Kirchenschiff wurde im Zuge des Umbaus verkleinert, mittels einer Schiebetür, die es von einem neu geschaffenen Vestibül abtrennt, von dem aus eine Treppe ins Untergeschoss führt, wo sich ein weiteres Foyer, ein grosser Saal und eine Küche befinden. Bei Grossanlässen kann das Kirchenschiff um das Vestibül erweitert werden. Für Konzerte oder Theateraufführungen wird der Raum gerne als Querraum benutzt, wobei dann die leichte Erhöhung entlang der Südseite des Schiffes – eine Art Sängerkanzel – als Bühne dient.[3]

---

3 Ausführlicher zur ref. Kirche Oberwil. Die Reformierte Kirche Oberwil, hg. von Johannes Stückelberger und Dieter Zellweger, Oberwil: Reformierte Kirchgemeinde Oberwil Therwil Ettingen, 2007.

3. Bottmingen, Reformierte Kirche, 2007

Wie das Gemeindehaus Stephanus folgt auch die reformierte Kirche
in Bottmingen von 1957 dem Typus des Gemeindezentrums mit
integriertem Gottesdienstraum und Gemeindesaal. Der Gottesdienstraum war ursprünglich ganz mit Holz ausgekleidet, «Wohnstube der Gläubigen» hat das Werner Max Moser in Bezug auf die
von ihm erbaute und ähnlich ganz mit Holz ausgekleidete Kornfeld-
kirche in Riehen genannt. 2004 hat man in Bottmingen im Zuge
einer Renovation die ganze Holverkleidung entfernt, der Raum
wurde dadurch luftiger und heller, aber auch kälter. Bald vermisste
man an der Westwand, an der früher ein Kreuz in die Vertäfelung
eingelassen war, ein Symbol. Ein Wettbewerb wurde ausgeschrieben

Abbildung 7: Bottmingen, Reformierte Kirche: Thomas Huber, «Zwei Bildteppiche
für Bottmingen», 2007, Wolle gewebt, je 400 x 240 cm (Foto: Serge Hasenböhler).

zum Thema «Du setzt meinen Fuss auf weiten Raum». Ausgewählt
wurde eine Arbeit von Thomas Huber. Der Künstler schlug vor, auf
der Westwand zwei handgewebte Teppiche aus Wolle (je 330x180 cm)
anzubringen, die beide dasselbe Motiv zeigen: eine Raumflucht, deren perspektivische Wirkung durch verkürzte Kreise, dargestellt als
Ellipsen, verstärkt wird. Die Materialität der Teppiche, ausgebreitet

über eine nicht unerheblich grosse Fläche, verändert sichtbar, fühlbar und hörbar die Anmutung des Kirchenraumes.

Der imaginäre Raum, vermittelt durch das Motiv der Teppiche, öffnet die geschlossene Altarwand und lässt den Blick frei. Warum nun aber zwei Teppiche, die erst noch genau gleich sind? Der Künstler erklärt es so: «Was bedeutet das, wenn es von einer Sache zwei gibt? Ist das eine die Kopie des anderen? Der Anblick fordert zu solchen Fragen heraus. [...] Sprachlich ist man zur Genauigkeit aufgefordert. Man muss erkennen, dass man das Gleiche vom Selben zu unterscheiden hat. Philosophisch wird der Satz der Identität erinnert. Der Dualismus ist schliesslich auch ein theologisches Thema.»[4] Dadurch, dass die Teppiche von Hand gefertigt wurden, wurden sie zwar annähend gleich, doch nicht ganz. Gefertigt wurden die Teppiche in einer Weberei auf Sardinien. Der Vorschlag von Huber mag auf den ersten Blick irritieren. Zwei Teppiche! Ist die Zeit der Teppiche in Kirchen nicht vorbei? Der Künstler scheint augenzwinkernd zurückzufragen: Warum sollte sie vorbei sein? Die Wahl kann als Referenz an die Zeit der Erbauung der Kirche gedeutet werden, für den Künstler ausschlaggebender war jedoch, dass die Teppiche der heute etwas kühl wirkenden Kirche eine wärmere Atmosphäre verleihen.

Inhaltlich ist die Arbeit höchst komplex. Die Bilder, deren Motive identisch sind, zeigen einen imaginären Raum, an dessen Boden, Decke und Wänden rote, blaue und schwarze Kreise erscheinen. Es ist ein imaginärer Raum, der uns einlädt, über oben und unten, vorne und hinten, links und rechts nachzudenken. Auch scheinen die Zahlen Zwei und Drei eine Rolle zu spielen. Stehen sie für Ich und Du, für Mensch und Gott, Mann und Frau, für Gemeinschaft? Die Komplexität und Rätselhaftigkeit der Arbeit wird zusätzlich verstärkt durch das Nebeneinander zweier identischer Teppiche. Doch sind sie wirklich identisch? Wie verhält es sich eigentlich mit dem Gleichen und dem Selben? Warum hat der Mensch zwei Augen, zwei Ohren, zwei Gehirnhälften? Wie ist das zu denken, dass Gott den Menschen nach seinem Ebenbilde geschaffen hat? Verhält sich der

---

4   Thomas Huber, Künstlerische Gestaltung der reformierten Kirche Bottmingen. Wettbewerbsbeitrag von Thomas Huber [Projektbeschrieb], 2 (Typoskript, Archiv Johannes Stückelberger).

Mensch zu Gott wie das eine Bild Hubers zum andern? Zu solchen Fragen gibt die Arbeit Anlass, indem sie weite Gedankenräume eröffnet. Das Werk kann als bildliche Umsetzung des Psalmenverses «Du setzt meinen Fuss auf weiten Raum» gelesen beziehungsweise gesehen werden.[5]

4. Stäfa, Kirchgemeindehaus, 2009

Die reformierte Kirchgemeinde Stäfa baute 2007 auf dem Kirchbühl, neben Kirche und Pfarrhaus, ein neues Kirchgemeindehaus. Für die Gestaltung des neu entstandenen Platzes zwischen den drei Gebäuden schrieb sie einen Wettbewerb aus. Ausgeführt wurde 2009 die

Abbildung 8: Stäfa, Forum Kirchbühl/Kirchbühlstrasse: Barbara Mühlefluh, «Meeting», 2009, gelbe Markierungsfarbe auf ausgefugten Pflastersteinen, ca. 4 x 6,3 m (Foto: Patrick Mühlefluh).

---

[5] Ausgehend von der Arbeit in der Kirche Bottmingen hat sich Thomas Huber allgemeiner Gedanken gemacht zum Kirchenraum in: Thomas Huber, Der Kirchenraum, in: Kunst und Kirche 1/2007, 13–26.

Arbeit «Meeting» von Barbara Mühlefluh. Vor dem neuen Kirchgemeindehaus, am nördlichen Rand des Platzes, da, wo dieser in den benachbarten Schulplatz und den öffentlichen Weg zum Friedhof übergeht, sind gelb drei Parkfelder markiert. Eigentlich ist der Platz autofrei, doch macht man offenbar für jemanden eine Ausnahme: Sind dies die Pfarrpersonen und die kirchlichen Mitarbeiter? Nein, nicht für sie – wie man beim Nähertreten bemerkt – sind diese Parkplätze bestimmt, sondern für Gottvater, Sohn und Heiligen Geist.

Ein witziges Werk, gleichzeitig ein Werk mit Tiefgang. Reservierte Parkplätze gibt es für Behinderte, für Anwohner, für den Chef. Die drei Felder in Stäfa sind reserviert für die drei höchsten «Instanzen» der christlichen Kirchen. Der Kirchen- und der Kirchgemeindevorplatz erhalten mit dieser Arbeit eine stärker kirchlich betonte Identität. Die Parkplätze weisen den Ort als Ort der Gegenwart Gottes aus, die – das sagt die Arbeit auch – nicht nur im Innern der Kirche oder des Kirchgemeindehauses zu erfahren ist, sondern auch im öffentlichen Raum. Zwar werden die Parkplätze scheinbar immer unbesetzt bleiben, doch was wissen wir schon über die Gegenwart Gottes? Kirche greift mit dieser Arbeit in den öffentlichen Raum aus. Sie signalisiert: In der Öffentlichkeit gibt es Orte, an denen andere Gesetzmässigkeiten herrschen, an denen Platz freigelassen wird für Instanzen, deren Gegenwart wir annehmen, aber nicht beweisen können, mit denen unsere Imagination angesprochen ist.

5. Zürich, Grossmünster, 2009

Die Neugestaltung des Grossmünsters in Zürich mit Glasfenstern von Sigmar Polke im Jahr 2009 hat weitherum Beachtung gefunden. Das liegt zum einen am herausragenden Ort, dem Grossmünster, der Geburtsstätte der Zürcher Reformation, zum andern an Polke, der zu den renommiertesten Gegenwartskünstlern zählt. Und es hängt damit zusammen, dass man in Kunstkreisen leicht irritiert und gleichzeitig fasziniert feststellt, dass Kirchen heute offenbar keine Tabuzonen mehr sind für künstlerische Interventionen. Undenkbar, dass ein Gerhard Richter vor vierzig Jahren ein Fenster für den Kölner Dom gemacht hätte. Sein Ruf wäre vermutlich ruiniert gewesen, er hätte den Stempel des Kirchenkünstlers bekommen.[6] Warum können er und mit ihm andere – neben Polke Leute wie Lüpertz, Anzinger, Rauch, die inzwischen alle permanente Arbeiten in Kirchen realisiert haben – es heute wagen? Dass sich heute auch renommierte Künstler und Künstlerinnen für die Gestaltung von Gottesräumen gewinnen lassen, deutet auf einen Wandel des Kirchenbildes hin, weg von der Auffassung der Kirche als blossem Versammlungsraum der Gemeinde (das war das dominante Kirchenbild in der zweiten Hälfte des 20. Jahrhunderts), hin zu einer Wahrnehmung von Kirche

Abbildung 9: Zürich, Grossmünster: Sigmar Polke, «Der Menschensohn», Glasfenster, 2009 (© Sigmar Polke, Grossmünster Zürich).

wieder stärker als öffentlichem Raum. Die Öffnung der Kirchen ist sowohl die Voraussetzung für die heutigen künstlerischen Interventionen an diesen Orten, auch Ausstellungen in Kirchen sind dazu zu zählen, als gleichzeitig eine Folge daraus. Durch Ausstellungen und neue permanente Gestaltungen kommt ein anderes Publikum in die

---

6   Gerhard Richter – Zufall, das Kölner Domfenster und 4999 Farben, hg. von Museum Ludwig und Metropolitankapitel der Hohen Domkirche Köln, Köln 2007.

Kirchen. Es findet eine neue Auseinandersetzung mit dem Ort und seinen Inhalten statt. Das kann intendiert sein, indem die Interventionen bestimmte Vorstellungen und Bilder von Kirche aufgreifen und thematisieren, es kann sich aber auch einfach so ergeben, indem der Raum und die darin gezeigten Werke sich gegenseitig aufladen, inspirieren und spiegeln.[7]

Wie sieht der Dialog aus, den Polkes zwölf Fenster im Grossmünster mit diesem Raum eingehen? Wie lädt der Raum die Fenster mit Bedeutung auf, und wie wirken umgekehrt die Fenster auf den Raum zurück? Sieben der Fenster sind aus Achatschnitten gefertigt, fünf wurden in Glas gearbeitet und zeigen alttestamentliche Episoden. Die Fenster sind relativ klein, viel Mauerwerk trennt sie. Jedes erscheint wie ein Kleinod und hat seinen eigenen Charakter, will für sich betrachtet und meditiert sein. Leuchtende Perlen in dem romanischen Bau, magische Laternen.

Inhaltlich spannt Polke einen weiten Bogen und bezieht in sein Konzept die Chorfenster von Augusto Giacometti aus dem Jahr 1933 mit ein. Deren Thema ist die Geburt Jesu, die Menschwerdung Gottes, die Materialisierung des göttlichen Wortes in der geschöpflichen Welt. Polkes Fenster legen eine Art Zeitachse in den Kirchenraum, eine Zeitachse von der Urgeschichte zur Heilsgeschichte. Seinem Programm liegt das Motiv der Präfiguration zugrunde. Mit den Achatscheiben im hinteren, westlichen Teil der Kirche knüpft der Künstler an die frühmittelalterliche Tradition an, Fensteröffnungen mit lichtdurchlässigen Steinschnitten zu schliessen. Die Dünnschliffe vermitteln Einblicke ins Innere der Materie, einer Materie, die in einem weit zurückliegenden Zeitalter, biblisch gesprochen: in den ersten Tagen der Schöpfung, entstanden ist. Assoziativ lassen sich die Form- und Farbphänomene mit Bildern der Welterschaffung in Verbindung bringen. Gleichzeitig denkt man angesichts dieser bunt und hell strahlenden Wände an jene Edelsteine, die nach Offenbarung 21 als Baustoff die Mauern des himmlischen Jerusalem bilden, und in deren hellem Licht sich die Herrlichkeit Gottes zeigt. Anfang und Ende, Urgeschichte und Weltvollendung in einem Bild. Die Kirche

---

[7] Zu Ausstellungen in Kirchen, mit Beispielen aus Deutschland sowie theologischen Reflexionen: Frank Hiddemann, Site-specific Art im Kirchenraum. Eine Praxistheorie, Berlin 2007.

wird in diesen Achatscheiben als Ort interpretiert, an dem es um die ersten und die letzten Dinge geht, worauf auch die Symmetrien verweisen mögen, die sich in den meisten Scheiben finden.

In den figurativen Fenstern kommen Aspekte des christlichen Gottes- und Menschenverständnisses zur Darstellung. Der Menschensohn, Elijas Himmelfahrt, König David, Isaaks Opferung und der Sündenbock sind die Themen. Als Vorlagen dienten Polke für vier der Fenster Fragmente von Buchillustrationen aus der Zeit der Erbauung des Grossmünsters, die mittels modernster Computertechnik umgestaltet wurden. Das fünfte basiert auf der Gegenüberstellung menschlicher Gesichtsprofile, die zwischen sich Kelchformen ausschneiden. Eine sinnreiche Anspielung auf Zürich als Vaterstadt Lavaters, der hier seine «Physiognomischen Fragmente» veröffentlichte, gleichzeitig der Versuch, Kirche als Ort zu deuten, wo Menschen, um den Kelch versammelt, im Gegenüber Gottes Sohn erkennen. Jede und jeder könnte gemeint sein mit dem biblischen Menschensohn. In den verbleibenden vier Figurenfenstern erscheinen verschiedene Jesusbilder typologisch gespiegelt in alttestamentlichen Gestalten: der Messias, der Hirt, das Lamm Gottes, der Sündenbock.

Das Programm der Fenster stammt vom Künstler selbst. Theologinnen und Theologen hätten vielleicht andere Schwerpunkte gesetzt. Gleichwohl vertritt Polke hier keine Privatmythologie. Seine Fenster sind eine ernsthafte und tief reichende Auseinandersetzung mit dem Ort, für den sie geschaffen wurden, und mit den Inhalten, über die an diesem Ort seit Jahrhunderten nachgedacht wird. Polkes Bilder sind äusserst komplex. Generationen werden sie immer wieder neu deuten und lesen. Was kann der Kirche Besseres passieren, als Bilder zu bekommen, in denen sich die Komplexität ihrer eigenen Themen spiegelt?[8]

---

[8] Zu Polkes Fenstern im Zürcher Grossmünster: Käthi La Roche, «Kunstwerk» Grossmünster. Ein theologischer Führer, Zürich 2009. – Vgl. Johannes Stückelberger, Polkes Glasfenster im Grossmünster in Zürich, in: Kunst und Kirche 1/2010, 68–69.

6.   Sissach, Reformierte Kirche, 2010

Das Grossmünster in Zürich bleibt nicht die einzige Kirche mit neuen Fenstern. In den letzten Jahren, so kann man beobachten, ist international ein neuer Kirchenfensterboom ausgebrochen. In der Schweiz sind neue Fenster entstanden in Genf (Auditoire Calvin), in Montreux (Katholische Kirche), in Sissach (Reformierte Kirche) sowie in Pratteln (Reformierte Kirche).[9] In Sissach ging es um eine Neuverglasung des spätgotischen Chors. Ausgeführt wurde ein Werk des Basler Künstlers Remo Hobi mit dem Titel «Auf dem Weg». Der Künstler versteht die fünf Fenster «als die sichtbaren Teile eines grossen zusammenhängenden Bildes. Dieses Bild symbolisiert das Einhergehen mit Gott auf dem Weg. Durch die Fenster wird ein Teil

Abbildung 10: Sissach, Reformierte Kirche, Chor: Remo Hobi, «Auf dem Weg», 5 Glasfenster, 2010 (Foto: Claude Vuille).

---

[9]   Zu neueren Projekten für Glasfenster in der Schweiz: Johannes Stückelberger, Zeitgenössische Kirchenfenster, in: Forum Kunst und Kirche 2/2008, 1–3 (http://www.lukasgesellschaft.ch/pdfs/Forum_08_02.pdf [25.08.2010]).

dieses Weges sichtbar gemacht, er leuchtet als mehrfarbiges Band in den Kirchenraum.»[10]

Die Fenster sind in einen Raster von 14 x 14 cm grossen Quadraten unterteilt, der sich imaginär hinter den gemauerten Zwischenstücken durchzieht. Die vertikal ausgerichteten Farbfelder orientieren sich an diesem Raster. Die Farbfelder, die man sich nach links und rechts über die Fenster hinaus fortgesetzt denken kann, symbolisieren einzelne Stationen oder Abschnitte eines Weges. Mit ihren unterschiedlichen Farbigkeiten und den verschiedenen Ausdehnungen stehen sie für intensivere und weniger intensive, kürzere und längere Abschnitte eines Weges. Über die Fenster und die vertikalen Farbfelder ziehen sich schmale Linien, die als die Bewegungen einzelner Menschen auf dem breiten Wegband gelesen werden können. Sie bewegen sich aufeinander zu, aber auch voneinander weg, je nachdem, in welche Richtung man ihnen folgt. Die Komposition beruht auf den Farben Rot, Gelb und Blau. Diese Grundfarben werden variiert. Ziel war eine mehrfarbige Einheit, Buntheit sollte vermieden werden. In die einzelnen Farbbahnen wurden Farbverläufe (von heller zu dunkler und wieder zurück) hineingebracht. Der Künstler wollte mit seinen Fenstern den künstlerischen Rahmen bilden für interessante Begegnungen verschiedenster Art, wie sie in der Kirche stattfinden. «Beim Betrachten der Fenster und dem Schweifenlassen des Blickes entlang den Linien und über die Farbfelder sollen der Geist und die Seele eine Öffnung erfahren und weitergetragen werden über die Fenster und über das Sichtbare hinaus.»[11]

Die Jury beurteilte das Werk folgendermassen: «Das Projekt von Remo Hobi zeugt von einer eingehenden Beschäftigung mit der gestellten Aufgabe, den spezifischen Raumverhältnissen und mit reformiertem Bildverständnis. Eine grosse Wärme und meditative Wirkung geht von der Arbeit aus. Der Künstler erweist sich als Meister des Subtilen, dem mit feinsten Akzentsetzungen sowohl inhaltlich als auch formal ein höchst komplexes und spannendes Werk gelungen ist. Gut gefallen der Jury das Nebeneinander und

---

[10] Jurybericht. Wettbewerb für neue Kirchenfenster im Chor der Reformierten Kirche St. Jakob in Sissach, 2008, 7 (Typoskript, Archiv Johannes Stückelberger). – Die Fenster wurden im Oktober 2010 eingeweiht.

[11] A.a.O., 8.

Übereinander von durchgehendem Raster (eine Art Lebensmatrix darstellend), vertikalen, schön mit der gotischen Architektur korrespondierenden Farbbahnen sowie diagonalen Bändern. Auf den ersten Blick mag der Entwurf vielleicht spröd erscheinen, doch ist die Jury überzeugt, dass in der Ausführung mit leicht verschieden gefärbten Gläsern die einzelnen Farbbahnen lebendig wirken werden. Die Arbeit lässt immer wieder Neues entdecken, ist offen für verschiedene Lesarten und hat etwas Geheimnisvolles und Tiefes. Ein Gesamtkunstwerk, das, ohne die Architektur zu konkurrieren, den Chor aufwerten und eine helle, angenehme Atmosphäre schaffen wird.»[12]

Zur Ausführung empfahl die Jury das Projekt von Remo Hobi zusätzlich mit folgenden Argumenten: «Es macht den Chor gegenüber dem heutigen Zustand farbiger und heller, wirkt aber doch nicht zu bunt. Es nimmt das Aufstrebende der gotischen Architektur auf. Es bringt mit dem durchgehenden Bleirutenraster und den senkrechten Farbbahnen eine Regelmässigkeit, Ordnung und Ruhe in den Chor. Es wirkt gleichwohl nicht statisch, sondern erzeugt mit seinen feinen Farbverläufen ein subtiles Vibrieren. Es erlaubt, das der Arbeit zugrunde liegende Thema Begegnung aus verschiedenen Perspektiven zu meditieren: als Annäherung und Überschneidung von Lebenswegen, als Begegnung von Farben, als Begegnung von Innen und Aussen, von Diesseits und Jenseits, von Vergangenheit, Gegenwart und Zukunft. Es ist für viele Lesarten und Interpretationen offen, was eine Garantie dafür ist, dass man immer wieder Neues darin entdecken und sehen wird. Es ist ein Werk, das sich mit dem für Religion ganz wesentlichen Aspekt des Nichtsichtbaren auseinandersetzt: die Kreuzungspunkte der diagonalen Bänder werden nicht gezeigt. Die Farbbahnen kann man sich über die Fenster hinaus fortgesetzt denken. Es spricht eine zeitgenössische Bildsprache. Es gewährleistet durch die Verwendung von Antikglas und der alten Technik der Bleiverglasung Dauerhaftigkeit. Es schafft im Chor — ohne zu dominieren oder aufdringlich zu sein — eine helle, warme Atmosphäre.»[13]

---

[12] A.a.O., 11–12.
[13] A.a.O., 15.

7. Pratteln, Reformierte Kirche, 2010

Die reformierte Kirche in Pratteln hat seit dem Sommer 2010 im Chor fünf neue Glasfenster. Auch diesem Projekt war ein Wettbewerb vorausgegangen. Die Wettbewerbsteilnehmer/-innen erhielten als inhaltlich-theologische Vorgabe den Satz: «Gott lädt uns ein, ihm nahe zu sein. Diese göttliche Kraft stärkt uns, einander über Grenzen hinweg zu begegnen». Das ausgeführte Siegerprojekt der beiden Basler Künstlerinnen Claudia und Julia Müller trägt den Titel «Suche nach Sieben». Über die fünf Fenster erstreckt sich ein abstraktes und gleichzeitig sinnbildlich lesbares Farbenpanorama. «Die blauen und

Abbildung 11: Pratteln, Reformierte Kirche, Chor: Claudia & Julia Müller, «Suche nach Sieben», 5 Glasfenster, 2010 (Foto: Johannes Stückelberger).

grünen Farbtöne, die im unteren Bereich der Fenster vorherrschend sind, lassen sich lose als Wasser und Erdboden bzw. als Wiese interpretieren. Die im mittleren und oberen Bereich dominierenden roten

160

und gelben Farbabstufungen können entsprechend mit Licht und damit mit der Sonne in Verbindung gebracht werden.»[14]

Das Nordfenster ist in kühlerem Farbton gehalten, das Südfenster in einem wärmeren. Die Flächen zwischen den Farbfeldern sind in helleren Lila- und Beigetönen eingefärbt. Über dieses Farbpanorama zeichneten die Künstlerinnen mit Schwarzlot «eine ‹a-logische Komposition›, bestehend aus sieben Gegenständen oder Situationen, die sich jeweils lose als visuelles Vokabular mit Symboltraditionen verbinden lassen, dabei jedoch immer auch individuell bestimmbar bleiben und poetische Momente evozieren sollen».[15] Es sind dies: 1. ein sich haltendes nacktes Paar, 2. eine geöffnete Schachtel mit einem darin aufgestellten Totenkopf, 3. eine kleine Sammlung von Werkzeugen, 4. das Zeichen X, 5. eine Wiese mit unzähligen Blumen und Blüten, 6. eine Querflöte, 7. ein Huhn mit drei Küken sowie einem einzelnen Ei. Mit jedem Motiv verbinden sich vielfältige Assoziationen. Zusätzlich treten sie untereinander in einen narrativen Bezug.

Gleichzeitig lassen sich die fünf Glasfenster auch auf einer sinnlichen, einer abstrakten Ebene betrachten. Die Jury beurteilte die Arbeit folgendermassen: «Das Projekt lässt unterschiedliche Wahrnehmungen zu: aus Distanz sieht man das grosszügige Farbpanorama, aus der Nähe kann man sich in die Zeichnungen mit ihrer vielschichtigen Symbolik vertiefen. Die Farbflächen schaffen einen dynamischen Raum, den man als Landschaft lesen kann, über der eine rote Wolke schwebt (Hinweis auf Präsenz Gottes?). Die sieben Gegenstände oder Situationen beschreiben das menschliche Leben in seinen verschiedenen Facetten und bringen dieses mit dem Ort der Kirche in eine Beziehung.»[16]

---

[14] Jurybericht. Wettbewerb für neue Kirchenfenster im Chor der Reformierten Kirche Pratteln, 2009, 7 (Typoskript, Archiv Johannes Stückelberger).

[15] A.a.O., 7

[16] A.a.O., 11–12. Zur Eröffnung der Fenster am 15. August 2010 erschien die Publikation: Die Glasfenster von Claudia & Julia Müller in der reformierten Kirche Pratteln, hg. von Clara Moser Brassel/Claudia und Julia Müller/Johannes Stückelberger, Pratteln: Reformierte Kirchgemeinde Pratteln-Augst, 2010 (mit Texten von Clara Moser Brassel, Johannes Stückelberger, Barbara Derix und René Salathé). Zu beziehen bei: Ref. Kirchgemeinde Pratteln-Augst, Verwaltung, St. Jakobstr. 1, 4133 Pratteln.

8. Männedorf, Kirchgemeindehaus, 2011

Nicht um eine Kirchenneugestaltung, sondern um den Neubau eines
Kirchgemeindehauses, in das ein Raum der Stille eingebaut wird,
geht es bei einem Projekt der reformierten Kirchgemeinde Männedorf. Der Raum der Stille wird ganztags offen sein und die Passanten
der Nachbarschaft – gleich daneben findet sich ein grosses Einkaufs
zentrum – einladen, einzukehren, hier kurz innezuhalten. Der Raum
hat nur in der Decke ein Fenster, das heisst, er wird als in sich ge-
kehrter Raum erfahren werden. Carmen Perrin hat einen Vorschlag
ausgearbeitet für die Gestaltung dieses Raumes, der auf der folgen-

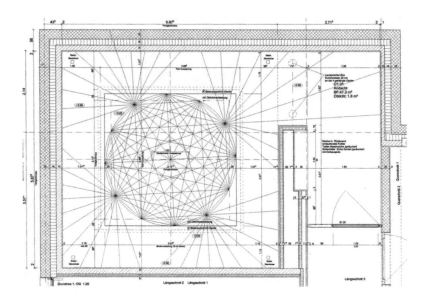

Abbildung 12: Männedorf, Reformiertes Kirchgemeindehaus, Raum der Stille:
Carmen Perrin, «Ein Punkt, in Beziehung und in Bewegung», Entwurf für Raum-
installation, Ausführung 2011 (Foto: Carmen Perrin).

den Idee basiert: Mit Perlmuttfarbe wird um einen in den Boden
eingelassenen Kompass herum ein kartographisches Netz gemalt,
das abgeleitet ist vom sogenannten «marteloio», jenem Liniensystem,
das man auf alten Seekarten findet und mit dessen Hilfe das Navigie-
ren auf See auch ohne Sicht möglich war. «Ein Punkt, in Beziehung

und in Bewegung», so nennt Perrin ihr Werk. Ein Teil der Linien wird über die Wände und die Decke weitergezogen, so dass man in diesem Raum umgeben sein wird von zarten, kaum sichtbaren Orientierungslinien. Der Raum, in der Gestaltung von Perrin, kommt ohne christliche Symbole aus, er soll allen Religionen offen stehen, gleichzeitig wird hier ein Sinnangebot gemacht, das sehr viel mit Religion zu tun hat. Kirche, oder genereller der sakrale Raum als Ort der Orientierung und Neuausrichtung.

9.   Männedorf, Spital, 2009

Vor einer ähnlichen Aufgabe stand die Künstlerin Christine Zufferey, die den Raum der Stille im Spital Männedorf gestalten durfte. Auch dieser Raum soll allen Religionen offen stehen, die Betreiber, in diesem Fall das reformierte und das römisch-katholische Spitalpfarramt, stellten als einzige Bedingung, dass auf einem Tisch im Raum die offene Bibel liegen soll, als Zeichen der Gastgeber. Die Künstlerin hatte also freie Hand, ein eigenes optisches Sinnangebot zu machen, das nicht an die bestehende Ikonographie einer der

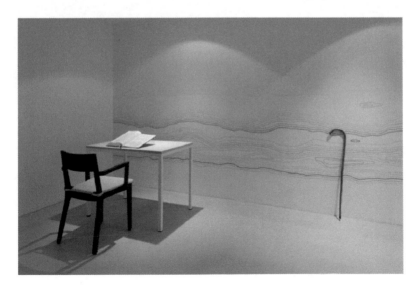

Abbildung 13: Männedorf, Spital, Raum der Stille: Gestaltung von Christine Zufferey, 2009 (Foto: Peter Hunkeler).

Weltreligionen gebunden sein musste. Ihr Vorschlag, der 2009 ausgeführt wurde, ist ein Wandbild aus vielen farbigen Linien, die sich zu
einer Art Landschaft fügen. Man erkennt Horizonte, Senken und
Höhen, man kann das Bild aber auch als Kartenbild lesen oder als
Bild eines Fliessgewässers, mit Inseln und Strudeln. Ein Meditations-
bild, das angeregt ist von der Landschaft des Zürichsees, an dessen
Ufer das Spital steht. Vor der Wand steht ein Stock, der durch seine
spezifische Form zu vielfältigen Assoziationen einlädt. Es könnte der
Stock für einen Wanderer sein, der hier für einen Moment zur Ruhe
kommt, es könnte eine Gehhilfe sein für den, der das Spital dem-
nächst verlässt, es könnte ein Hirtenstab sein, auch den Bischofsstab
kann man mit ihm in Verbindung bringen. Der Raum der Stille wird
mittels der künstlerischen Intervention durch Christine Zufferey als
Ort des Innehaltens definiert, als Ort der Auseinandersetzung mit
Krankheit und Gebrechlichkeit, als Ort der Perspektivenwechsel, als
Ort des Weitblicks. Die Kranken oder Angehörigen, die diesen
Raum aufsuchen, auch das Personal, erhalten in dem Wandbild vielfältige Sinnangebote.[17]

Schluss

Wie nehmen Künstlerinnen und Künstler heute Kirche wahr? Wie
gestalten sie Kirchen, speziell reformierte Kirchenräume? Was für
ein Bild von Kirche vermitteln ihre Neugestaltungen? Dabei ist zu
bemerken, dass die Künstler natürlich nicht allein die Verantwortung
tragen. Auch die Auftraggeber bringen ihre Bedürfnisse ein. Wie
Kirche sich heute darstellt, hängt von vielen Faktoren ab. Ich versuche, mit Blick auf die hier vorgestellten Beispiele, einige Aspekte
zusammenzufassen.

1. Zuerst gilt es festzuhalten, dass Kirchenneugestaltungen für
auch renommierte Künstlerinnen und Künstler heute wieder ein
Thema sind. Das ist nicht selbstverständlich und bedürfte einer län-
geren Analyse. Generell hängt es mit einem neuen Interesse für As-

---

[17] Allgemein zu Räumen der Stille und multireligiösen Gebetsräumen, siehe das
von Alois Kölbl und Johannes Stückelberger herausgegebene Heft: Multireli-
giöse Gebetsräume, Kunst und Kirche 2/2010.

pekte des Öffentlichen und des öffentlichen Raumes zusammen. Die Zeiten der Privatmythologien in der Kunst sind vorbei. Spätestens seit den 1970er Jahren bewegt sich Kunst nicht mehr ausschliesslich im geschützten Raum des Museums oder der Galerie, sondern sucht sie die Auseinandersetzung mit dem öffentlichen Raum. Nicht dass künstlerische Interventionen im öffentlichen Raum an sich neu sind, man denke an die Tradition der Denkmäler oder an den Denkmalcharakter herausragender Gebäude. Doch trat diese Funktion von Kunst im Zeichen der Moderne mit ihrem Postulat des autonomen Werks in den Hintergrund. Seit 1970 wird Kunst wieder stärker kontextualisiert, findet eine Verlagerung vom autonomen Werk zum ortsspezifischen Projekt statt. Auch in Werken, die traditionell für das Museum, die Galerie oder die Privatsammlung geschaffen werden, ist in der jüngeren Kunst eine Wende zur Auseinandersetzung mit realen Orten und Räumen zu beobachten. Es ist nicht übertrieben, von einem *spatial turn* in der aktuellen Kunst zu sprechen. Mit dem generellen Interesse für den öffentlichen Raum und für Aspekte des Öffentlichen geht bei den Künstlern ein neues Interesse auch für die Religionen einher. Religion ist wieder ein Thema der Gegenwartskunst. Auch Kirche im engeren Sinn. Eine ähnliche Aufmerksamkeit für Fragen des Raumes und der Ortsspezifik kann man heute auch bei der Theologie und den Religionswissenschaften feststellen, wofür es hier einen äusseren Anlass gibt, nämlich die Tatsache, dass der bis vor kurzem ausschliesslich durch christliche Kirchen geprägte öffentliche Raum diesen Raum neu mit anderen Religionen teilen muss, mit Religionen, die heute auch Anspruch auf Sichtbarkeit stellen.

2. Kirche wird durch Künstlerinnen und Künstler heute als öffentlicher Raum wahrgenommen, und entsprechend beeinflusst das auch ihre Gestaltung dieser Räume, als öffentlicher Raum, der nicht bloss der Gemeinde als Versammlungsraum dient, der vielmehr einer breiteren Öffentlichkeit offen steht. Entsprechend erscheinen heute viele der Räume, die in den letzten Jahren neu gestaltet wurden, offener, heller, farbiger, stärker nach aussen orientiert und vielfältiger nutzbar. Kirche ist wieder mehr ein öffentlicher Ort (Basel Stephanus, Oberwil, Stäfa).

3. Das bevorzugte Kirchenmodell der Nachkriegszeit, die Kirche als Wohnstube der Gläubigen, wird heute aufgegeben zugunsten von Kirchen, die wieder stärker als Sakralräume wahrgenommen werden.

Man zieht weisse Wände anstelle der Holzverkleidungen vor (Bottmingen, Oberwil). Und viele künstlerische Neugestaltungen thematisieren die Gegenwart Gottes (Oberwil, Stäfa, Pratteln).

4. Kirche als Perspektivenvermittlerin, als Perspektivenwechslerin, als Ort der Orientierung und Neuausrichtung oder als Ort des Innehaltens, erscheint als Thema bei einigen Neugestaltungen (Basel Stephanus, Männedorf Kirchgemeindehaus), auch Kirche als Ort des Unterwegsseins (Sissach, Männedorf Spital), oder als Ort des Umbruchs, als Bauplatz (Basel Stephanus).

5. Kirche als Ort, an dem grosse Zeitbögen gespannt werden von der Entstehung der Welt bis zu ihrem Ende, auch das ist ein Thema, das durch Künstlerinnen und Künstler in die Kirche hineingetragen wird (Zürich Grossmünster).

6. Schliesslich sind Komplexität, Rätselhaftigkeit und das Eröffnen weiter Gedanken- und Imaginationsräume Themen, die uns in fast allen neugestalteten Kirchen begegnen

Bleibt zum Schluss noch die Frage nach Kriterien für zukünftige Nutzungen und Umwidmungen von Kirchengebäuden. Auch wenn das die Kirchen, die ich vorgestellt habe, wahrscheinlich kaum betrifft – ich nehme jedenfalls nicht an, dass eine dieser Kirchen, die in den letzten Jahren mit viel Aufwand neugestaltet wurden, so bald aufgegeben wird –, so kann ich, glaub ich, doch auf der Grundlage dessen, was ich hier ausgebreitet habe, etwas dazu sagen. Für ein reformiertes Kirchenverständnis stellen Umnutzungen kein Problem dar. Gleichwohl ist es sinnvoll und nötig, dabei einige Kriterien zu beachten. Meiner Meinung nach tut man gut daran, bei Neunutzungen auf den Charakter des Gebäudes zu achten und nur solche zuzulassen, die ihn nicht vollkommen verändern. Die in meinem Beitrag aus der Analyse aktueller Neugestaltungen von Kirchen gewonnenen Kirchenbilder sollen in einer Neunutzung entfernt noch spürbar sein. Das heisst: 1. Die Gebäude sollen öffentliche Gebäude bleiben und der Öffentlichkeit zur Verfügung stehen. 2. Die Neunutzungen sollen einen Dialog erlauben mit der bisherigen Sakralität des Ortes, als Museum zum Beispiel, als Galerie, Bibliothek, Filmforum oder ähnliches. 3. Es sollen Orte des Perspektivenwechsels, des Umbruchs, der Neuorientierung bleiben, Orte der grossen Zeitbögen, Orte der Komplexität, der Rätselhaftigkeit, Orte der Imagination.

Identität und Offenheit

Ruedi Reich

Seit einiger Zeit findet verstärkt und systematisch eine Reflexion über die Geschichte, die Bedeutung und die Zukunft von Kirchenbauten und Kirchenräumen statt. Das vorliegende Buch ist ein wertvoller Beitrag dazu. Gerne ergänze ich es hier mit einigen persönlichen Anmerkungen.

I

Ich habe damals an der Universität Zürich Theologie studiert. Nach meiner Erinnerung war aber selbst im homiletischen Seminar kaum je von Kirchenräumen die Rede. Geblieben ist mir nur eine launige Bemerkung unseres Religionsgeschichtlers: Ja, so sei das eben, die Katholiken hätten heilige Räume und wir hätten heilige Zeiten. Genauer: Eine heilige Zeit. Der Sonntagmorgen um 9.15 Uhr. Ein kurzes Lachen und damit war das Thema Kirchenräume abgehakt.

II

Ich war zwanzig Jahre lang Pfarrer in einer Landgemeinde, mit einer 500 Jahre alten Kirche, mitten im Dorf. Hier predigte ich und gab den Konfirmanden Unterricht. Diese Kirche war für meine Konfirmanden ein selbstverständliches Dorf- und Lebenszentrum. Da waren sie einst getauft worden, da gingen sie in die Sonntagsschule und erlebten die Schulweihnacht. Da fanden die Taufe der Geschwister statt, die Trauung eines Onkels, die Abdankung der Grossmutter. Da haben sie – manchmal mit etwas Seufzen oder gar einem demonstrativen Zuschlagen des Gesangbuchs – den Jugendgottesdienst absolviert. Und sie wussten: Hier werden wir konfirmiert. Und da finden jeweils auch die Gemeindeversammlung statt, das Jahreskonzert des Männerchors und die Operette vom Weissen Rössl am Wolfgangsee. Und der Onkel spielt jeweils bei der dörflichen Blasmusik mit, die selbstverständlich auch in der Kirche aufspielt.

III

Als Kirchenratspräsident halte ich regelmässig im Fraumünster Gottesdienst. Nach einer Predigt spricht mich eine Frau an. Sie sei in einer schwierigen Situation, aber die Predigt und die Liturgie hätten ihr geholfen. Und zwischendurch habe sie diese Steine angeschaut und dabei gedacht: Was haben diese Steine, diese Böden und Mauern des Fraumünsters, doch schon alles gehört und erlebt! Über Jahrhunderte wurde hier das Evangelium verkündet. Über Jahrhunderte sassen Menschen hier in Freud und Leid. Diese Sicht auf den Kirchenraum, sagt die Gottesdienstbesucherin, habe ihr Ruhe und Gelassenheit gegeben. – Nachdenklich verlasse ich das Münster und komme mir sehr klein vor mit dem, was ich da im Gottesdienst versuchte weiterzugeben. Die Predigt hat einmal mehr das Münster gehalten. Ich habe im besten Fall nur mitgepredigt. Ja, schon viele Pfarrerinnen und Pfarrer standen vor mir auf dieser Kanzel und viele werden es nach mir sein. Die Pfarrer kommen und gehen, der Kirchenraum aber bleibt. Die Räume verkörpern die Kontinuität.

IV

Bischof Wolfgang Huber aus Berlin erzählt mir von der Mark Brandenburg. Diese Gegend hat sich in der Zeit der DDR mehr und mehr entkirchlicht. Heute ist es nur noch eine kleine Minderheit, die der evangelischen Kirche angehört. In den Dörfern stehen aber noch immer alte romanische und gotische Kirchen. Da die finanziellen Mittel der Kirche in dieser Gegend sehr bescheiden sind, kann die Kirche diese alten Kirchen nicht restaurieren und unterhalten. Es droht ihr Zerfall. Doch es gibt eindrückliche Gegenkräfte. Es entstanden unzählige Bürgerinitiativen, die sich für den Erhalt der Kirchen einsetzen. Dank Stiftungen und Sponsoren und dank dem beherzten Einsatz vieler Freiwilliger werden diese Kirchen renoviert und zu neuen, ästhetisch ansprechenden Dorfzentren gemacht. Sie sind nun offene Räume für vieles: für kulturelle Anlässe, Vereinsveranstaltungen und Begegnungen von Mensch zu Mensch. Doch sind sie ohne kirchliche Anlässe wirklich noch Kirchen?

V

Immer zum Beginn des Amtsjahres unseres Kantonsparlaments und der Zürcher Regierung lädt unsere Landeskirche zusammen mit der katholischen und der christkatholischen Kirche zu einem festlichen, ökumenischen Gottesdienst ein. Die Feier mit den Politikerinnen und Politikern findet jeweils in einer der reformierten Altstadtkirchen statt, die von der Symbolik her sehr zurückhaltend sind. So gibt es in ihnen zum Beispiel keine Kreuze. Dies gibt der kirchlichen Identität Offenheit und Weite. Regierung und Parlament schätzen diese relativ junge Tradition. Der Gottesdienst ist ein würdiger Anlass, an dem in ritueller Weise über Macht und Ohnmacht, Ermächtigung und Verantwortung nachgedacht werden kann. Besonders eindrücklich war die Feier 1995, als der Beginn der neuen Legislatur am 10. Mai mit dem 50-jährigen Gedenken des Endes des Zweiten Weltkriegs zusammenfiel. Dadurch erhielt die Feier im Grossmünster den Charakter eines Dankgottesdienstes für Frieden, Freiheit und Gerechtigkeit.

VI

Unsere Mitte und unser Mass ist das Evangelium Jesu Christi, die befreiende Botschaft der Menschenfreundlichkeit Gottes (Tit 3,4). So nehmen wir Seelsorge wahr: biblisch grundiert, aber nirgends vereinnahmend. So nehmen wir Diakonie wahr: engagiert, aber nirgends begehrlich. So pflegen wir den interreligiösen Dialog: klar, aber nirgends bedrängend. Und auch beim Umgang mit unseren kirchlichen Räumen sollten wir es so halten, denn Identität und Offenheit gehören in unserer reformierten Tradition zusammen. Solange in unseren Räumen Gottesdienste gefeiert werden, ist darüber hinaus ganz vieles möglich. Solange das Evangelium präsent ist, hat vieles Platz in diesen Räumen, auch der bewusste Gegenakzent: die Profanität. Konzerte und Ausstellungen, eine Jubiläumsfeier oder ein Kongressessen, touristische Besichtigungen und künstlerische Installationen, ein politisches Streitgespräch oder eine Filmvorführung. Oder auch Meditationen, interreligiöse Gebete und sakraler Tanz. Die Kirche kann so Spielraum werden, in dem Heiliges und Profanes nebeneinander stehen und aufeinander verweisen.

VII

An mittelalterlichen Kathedralen wurde gebaut, so lange es sie gab. Das Berner Münster trägt heute noch einen «Rucksack», stets an einer anderen Stelle. Kathedralen sind Gebäude, die ständig renoviert werden. Für mich ist das ein Symbol: Die Bauhütte gehört zur Kirche, denn Kirchen sind lebendige Organismen. Dies gilt nicht nur im Hinblick auf ihre Erhaltung, auf Unterhalt, Renovation, Ausstattung und Pflege. Es gilt auch in Bezug auf Nutzung, Teilnutzung oder Umnutzung. Die Kirchen fordern die Kirche zu einem lebendigen und verantwortungsvollen Umgang heraus. Die offenen Räume laden uns ein, sie mit offenem Geist zu füllen.

Gedanken zu «Kirche und Raum»

Andreas Zeller

Kirche sind nicht nur besondere Räume, sondern sie beeindrucken die Menschen auch mit ihrem Leer-Raum. Welche Empfindungen werden dabei ausgelöst? Eine wohltuende Ent-Leerung der Seele? Ehrfurcht vor dem grossen Geheimnis? Geborgenheit – oder gar ein Gefühl der Fremdheit? Ein dumpfes Unbehagen? Vieles davon ist möglich in einem entsprechenden Kirchenraum!

Spezielle Raumerfahrungen hängen zusammen mit der fast magischen Wirkung eines grossen Raumes auf uns Menschen. Raumschwingungen sind neuerdings sogar physikalisch messbar. Jedenfalls scheint unsere Psyche eine Art Antenne für deren Erfassung zu haben. Tatsächlich können Kirchenräume insbesondere durch ihre Leere eine erhebliche Faszination auslösen.

Raumkonzepte – von Einstein inspiriert!

Die Auswirkungen seiner Relativitätstheorie auf das moderne Raumverständnis wurden von Albert Einstein so erklärt: «Früher meinte man, wenn man alle Dinge aus dem Raum nähme, dass nur der leere Raum übrig bliebe. Heute weiss man, dass dann auch der Raum verschwinden würde.»

Dieser zunächst befremdliche Gedanke bringt zum Ausdruck, dass es die Objekte sind, die den Raum konstituieren, also durch ihre Anordnung überhaupt «schaffen». In Kirchen mit Bestuhlung statt Bänken lässt sich mit den Stühlen experimentieren. Dabei kann festgestellt werden, dass ein Raum selbst bei gleicher Anordnung der Stühle ganz anders wirkt, wenn sich die Möbel vorn, in der Mitte oder hinten im Raum befinden. Erst recht gilt diese Aussage, wenn die Anordnung des Mobiliars variiert.

Diese Wirkung macht sich in Experimentalgottesdiensten bemerkbar: Jeder Besucher nimmt sich seinen Stuhl und platziert ihn beliebig im Raum. Gleichzeitig ist auch die Position der liturgischen Leitung nicht fix. So entsteht jedes Mal eine neue, überraschende

Personenkonstellation, welche immer auch andere Raumempfindungen hervorruft.

Im Unterschied zu Einstein orientiert sich der architektonische Raum eher an einem Hüllenmodell. Dabei ist Raum der Um-Raum, der uns umgibt, der mögliche Handlungen eröffnet, sie aber auch begrenzt.

Aufstieg aus dem Raum zu Höherem

Raum entsteht aus der Transformation der verwendeten Materialien: Aus Erde wird Stein und aus Stein Mauer. Aus Mauer wird Raum und aus Raum schliesslich transzendierender, also die Grenzen überschreitender Sinn.

Wie der Architekt das Material in neue Zustände überführt und konstruiert, hängt von der Eigenschaft des Werkstoffs ab. Allerdings liegt die Kunst der Konstruktion in der Bewältigung der Kräfte – und dies auf eine möglichst ästhetische Weise! Aus diesen Bemühungen entstehen schliesslich eine Idee, eine Philosophie oder die Unterstützung eines religiös-theologischen Konzeptes wie etwa des Gemeindeaufbaus oder der Wortverkündigung.

Theo Müller vermittelte in seinen homiletischen Vorlesungen und Seminarien das Ordnen und Gestalten eines Raumes durch das geistige Auge des Prädikanten vor dem Gottesdienst. Betritt man einen architektonischen Raum, so sieht man sich unterschiedlichen Raumeigenschaften und Raumwahrnehmungen ausgesetzt: Strebt der Raum in die Höhe oder ist er eher flach, ist er eng oder weit, licht oder dämmrig, überschaubar gegliedert oder verwinkelt – seine Wahrnehmung ist im Grundsatz ganzheitlich, aber wird von zahl-reichen subjektiven Einzelfaktoren bestimmt. Trotz Dominanz des Visuellen erfolgt die Wahrnehmung mit allen Sinnen.

Die Qualität eines Raumes zeichnet sich durch stimmige Proportionen aus. Dazu gehören insbesondere auch gestaltete Lichtverhältnisse, etwa durch das Zusammenspiel von Aussenlicht und Beleuchtung. Wesentlich ist zudem, inwieweit es dem Raum gelingt, Geschlossenheit und Offenheit miteinander zu verbinden.

Heutzutage haben nur noch sehr wenige Architekten das Privileg eines Kirchenbaus. Sie krönen ihre Arbeit vielmehr mit den Tempeln der Moderne – Shoppingzentren, Grossüberbauungen, Flughäfen oder Sportstadien. Und dennoch: Das Sakrale, welches einem höheren Zweck und nicht der Selbstüberhöhung des Auftraggebers dient, bildet das zentrale Sehnsuchtsthema der Architektur.

Kirchenbaukonzepte auf der Suche nach Gemeinschaft

Hat es in der reformierten Kirche überhaupt Platz für solche Sehnsüchte? Und damit für quasi mystische Raumerlebnisse? Wie ist das zu realisieren, wo sich doch Gott im Protestantismus nicht örtlich eingrenzen lässt!

Reformierte Kirchenräume sind Versammlungs- und Gemeinschaftsräume. Es müssen darum immer auch Räume sein, die diesen Gemeinschaftsaspekt ausdrücken und ihn lebbar machen. Kirchen bieten Menschen den Raum an, um zusammenzukommen, Gottesdienst zu feiern, sich zu Gemeindeversammlungen zu treffen, aber auch andere Veranstaltungen abzuhalten: Gruppen, Konzerte, Lesungen.

Für die beiden Grundfunktionen «Hören des Wortes» und «Feiern des Abendmahls» ist die Bestuhlung meist auf Kanzel und Abendmahlstisch ausgerichtet. Die Orientierung erfolgt aber in einer Art, dass kein abgeschiedener sakraler Sonderraum gebildet wird. Kanzel und Abendmahlstisch orientieren sich kommunikativ offen an der Gemeinde und bilden recht eigentlich selbst einen Teil der Gemeinde. Weil im Abendmahl kein Opfer vollzogen wird, ist der Abendmahlstisch auch kein Altar, sondern ein Tisch für Brot und Wein.

Aus diesem Grundkonzept heraus hat sich die reformierte Kirchenbaugeschichte der Nachkriegszeit in zwei Richtungen mit zahlreichen Mischformen entwickelt. In neuerer Zeit sind vielerorts «nur» Gemeindesäle entstanden. Für einen reinen Kirchenbau fehlte häufig schlicht das Geld. Beim Konzept des integrierten Gemeindezentrums ist der Raum – wie auch beim reformierten Grundkonzept der Kirche – multifunktional, aber es handelt sich primär um einen Gemeindesaal, der sich bei Bedarf mit einem Tisch und liturgischen Gegenständen als Kirche verwenden lässt.

Kirchenraum als «verlängerte Wohnstube»

Die Gemeindezentriertheit führte zum Bedürfnis, die Kirchen für die Gläubigen sukzessive wohnlicher, ja behaglicher zu gestalten. Daraus entwickelte sich das Modell der Kirche als einer verlängerten Wohnstube. Allerlei Wohn- und Kunstobjekte begannen die Kirchen zu füllen, die Bepflanzung wurde intensiver, die Sitzgelegenheiten komfortabler und vor allem die Farbgebung stärker. Das ist bei Kirchen aus den 50er bis 70er Jahren festzustellen, bei denen die Farbe Rotbraun häufig so weit als möglich durchgehalten wird.

Ist das ein optimales Konzept für eine Kirche? Und wie ist es mit dem Wohnen? Haben nicht viele Menschen das Bedürfnis, ihre Einrichtung von Zeit zu Zeit zu ändern, weil sie des Immergleichen überdrüssig werden? Dies gilt besonders für die Farbe: Man stelle sich vor, seine eigene Wohnung wäre mit einer einzigen Farbe angestrichen! Selbst wenn es die Lieblingsfarbe wäre, so würde auch diese nach einer gewissen Zeit verleiden. Dagegen gilt: Je offener ein Raum gestaltet wird, desto mehr lässt er sich mit eigener Vorstellungskraft füllen, desto länger kann er uns auch halten.

Sehnsucht – nach dem anderen

Ein weiterer Gedanke: Was suchen wir, wenn wir eine Kirche betreten? Die Verlängerung unserer Wohnstuben? Suchen wir nicht im Gegenteil das Ungewohnte, das Andersartige?

Diese Sehnsucht nach dem ganz Anderen, letztlich nach Gott und seiner Erfahrbarkeit im Raum, führte ab den 70er Jahren zu einer spürbaren Wende in der Kirchenarchitektur. Es wurden wieder reine Sakralbauten gefragt. Die Casapella in Ittigen bei Bern steht dafür als Beispiel. Casapella ermöglicht intensives Raumempfinden und Transzendenzbezug mit einfachen, aber subtil gestalteten Stilmitteln des Aussenlichteinfalls und mit der Betonung der vertikalen Achse.

Auch wenn das umstritten ist – Karl Barth forderte: «Bildliche und symbolische Darstellungen sind an keiner Stelle des protestantischen Kirchenraums am Platze.» –, so halte ich aus Überzeugung dafür, dass die Architektur mit der ihr eigenen Sprache die Verkündigung und den Glauben einfach und stark unterstützen kann und muss.

Die Autoren

Matthias Krieg, Dr. theol. et phil., geb. 1955, Leiter der Abteilung Bildung und Gesellschaft der Evangelisch-reformierten Landeskirche des Kantons Zürich.

Ralph Kunz, Prof. Dr., geb. 1964, Professor für Praktische Theologie an der Theologischen Fakultät der Universität Zürich.

Frank Mathwig, PD Dr., geb. 1960, Beauftragter für Theologie und Ethik am Institut für Theologie und Ethik des Schweizerischen Evangelischen Kirchenbundes in Bern.

Torsten Meireis, Prof. Dr., geb. 1964, Professor für Ethik an der Theologischen Fakultät der Universität Bern.

Peter Opitz, Prof. Dr., geb. 1957, Professor für Kirchen- und Theologiegeschichte und Leiter des Instituts für Schweizerische Reformationsgeschichte an der Theologischen Fakultät der Universität Zürich.

David Plüss, Prof. Dr., geb. 1964, Professor für Praktische Theologie an der Theologischen Fakultät der Universität Bern.

Ruedi Reich, Dr. h.c. theol., geb. 1945, Kirchenratspräsident der Evangelisch-reformierten Landeskirche des Kantons Zürich.

Christoph Sigrist, Dr. theol., geb. 1963, Dozent für Diakoniewissenschaft an der Theologischen Fakultät der Universität Bern, Pfarrer am Grossmünster Zürich.

Johannes Stückelberger, PD Dr. phil., geb. 1958, Kunsthistoriker, Wissenschaftlicher Mitarbeiter und Dozent am Institut für Praktische Theologie (Kompetenzzentrum Liturgik) an der Theologischen Fakultät der Universität Bern, Privatdozent für Neuere Kunstgeschichte an der Universität Basel.

Matthias D. Wüthrich. Dr. theol., geb. 1972, Oberassistent am Institut für Systematische Theologie an der Theologischen Fakultät der Universität Basel.

Matthias Zeindler, PD Dr. theol., geb. 1958, Bereichsleiter Theologie bei den Reformierten Kirchen Bern-Jura-Solothurn, Privatdozent für Systematische Theologie an der Theologischen Fakultät Bern.

Andreas Zeller, Dr. theol., geb. 1955, Synodalratspräsident der Reformierten Kirchen Bern-Jura-Solothurn.